KB193634

만일 내가 다시
스무 살로
돌아간다면

어제보다 더 나은 나를 위한 시간여행

만일 내가 다시 스무 살로 돌아간다면

황문섭 지음

두드림미디어

나는 청춘 시절 인생의 답을 찾으려고 많은 시간을 방황했다. 어떤 일이 가장 나에게 맞는지와 같은 현실적인 질문부터, 인생이란 무엇인지 다소 철학적인 질문까지, 의문이 꼬리에 꼬리를 물었다.

나는 젊어 고생은 사서도 한다는 말이 싫었다. 이왕이면 이들 청춘이 최소한으로 고생하고, 더욱 행복하게 도전할 수 있었으면 했다. 이는 청춘 시절 많은 시간을 홀로 견디며 도전했던 씁쓸한 내 기억 때문이기도 하다.

좋은 멘토가 있었더라면 하는 아쉬움 속에서 나는 깨달았다. 누군가의 멘토가 되어준다는 것은 그만큼 중요한 일이라는 것을. 내가 경험한 고민과 어려움을 바탕으로, 내가 받지 못했던 도움을 누군가에게 줄 수 있다면, 그것이야말로 나의 인생에서 가장 의미 있는 일이 될 것이다.

어느덧 직장생활 15년 차가 되었다. 그러다 보니 이따금 후배들에게 상담해줄 기회가 생긴다. 그들은 어렵게 취업의 문을 뚫고 들어온 인재들이다. 자기의 잠재력과 진짜 힘을 모르고 주변 상황에 이리저리 휘둘리고 있는 그들에게는 가치를 인정해주고 끌어올려 줄 수 있는 멘토가 없었다.

나는 20대 때부터 청년들의 진정한 멘토가 될 어른으로 성장하겠다고 다짐했었다. 많은 청춘에게 희망을 전하면서 그들에게 자신만의 색깔을 찾게 해주고 싶었다. 나의 진심 어린 격려에 실제로 몇몇 친구들은 힘을 얻고 소생하는 모습을 보이기도 했다. 이는 내게 열심히 살아갈 이유가 되기도 했었다.

나는 이 순간이 바로 펜을 들어야 할 시점이라는 생각이 들었다. 나는 이번 생의 사명을 이렇게 정했다.

'청년들의 꿈과 희망이 되어, 그들의 거대한 잠재력을 끄집어내도록 도움을 주는 멘토.'

만일 내가 다시 스무 살로 돌아간다면, 과연 무엇을 달리할 수 있을까? 시간을 되돌릴 수 없는 인간에게 이런 상상은 때때로 무의미해 보일지도 모른다. 하지만 동시에, 과거를 되돌아보며 '다르게 살수 있었을까?'라는 물음은 우리 삶의 방향을 되짚어보는 중요한 기회가 되기도 한다.

우리가 흔히 청춘이라 부르는 시기는 모든 것이 가능해보이는 시기다. 하지만 그만큼 방향을 잃기 쉽고, 때로는 그 무한한 가능성 속에서 오히려 불안과 혼란을 느끼기도 한다. 나는 이 책을 통해 스무 살의 나, 또는 지금 20~30대를 살아가는 꽃다운 청춘들과 대화를 나누고자 한다. 어쩌면 이 책은 과거의 나를 위한 작은 편지일지도 모른다. 젊음의 열정과 불안을 동시에 안고 살아가던 그때의 나에게, 그리고 지금의 청년들에게 내가 얻은 경험과 깨달음을 나누고 싶다.

스무 살, 그 시절의 나는 무엇을 알았고, 무엇을 몰랐을까? 돌이켜보면 그때의 나는 한없이 미숙했고, 세상의 이치를 제대로 이해하지 못했다. 하지만 바로 그 무지 속에서, 나는 세상을 탐험하고 자신을 스스로 발견하는 법을 배웠다. 실패도 있었고 후회도 남지만, 그 모든 순간이 모여 지금의 나를 만들어주었다.

이 책을 통해 나는 청춘들에게 완벽한 성공의 비결을 전하려는 것이 아니다. 오히려 실패와 좌절 속에서도 배울 수 있는 것들에 대해 이야기하고자 한다. 인생의 진정한 의미는 종종 우리가 예기치 못한 곳에서 발견된다. 불확실성과 마주하는 용기, 실패 속에서 성장하는 법, 그리고 자신의 길을 찾아가는 과정. 이 모든 것들이 20대의 나와 지금의 청년들에게 전하고 싶은 메시지다.

만일 내가 다시 스무 살로 돌아간다면, 나는 과거의 선택을 바꾸고 싶다고 말하지 않을 것이다. 오히려 그 선택들이 나를 지금의 나로 만들어주었다는 사실에 감사할 것이다. 그러므로 이 책은 과거의 후회가 아닌, 지금을 살아가는 청년들에게 용기와 영감을 주기 위한 작은 지침서로 존재하고자 한다.

　내가 걸어온 길을 함께 나누며, 청춘들의 길에 작은 등불이 되기를 바란다. 다시 스무 살로 돌아갈 수는 없지만, 그 시절의 나에게 그리고 청춘들에게 이 책이 도움이 되기를 진심으로 바란다.

　마지막으로 이 책이 나오기까지 항상 곁에서 변함없는 지지를 보내주는 영혼의 단짝 나의 아내, 우주의 보물 우리 딸들, 그리고 아낌없는 사랑을 보내주시는 양가 부모님께 사랑의 마음을 전한다. 아울러 함께 청춘을 보낸 많은 친구와 선후배들, 그리고 같은 부서에서 근무하고 있는 우리 동료들에게도 깊은 감사의 마음을 드린다.

　책을 집필하는 도중, 세상을 떠나신 아버지도 하늘나라에서 뿌듯하게 지켜보고 계시리라 생각하며, 생전 다하지 못한 말을 전한다.

　'아버지, 사랑합니다.'

황문섭

1장

20대,
네가 정말 원하는 게
뭐야?

인생의 모든 기반은
20대에 다져진다

나는 올해로 직장생활 15년 차에 접어든, 마흔 초반의 직장인이다. 일곱 살, 다섯 살 어린 두 딸을 키우고 있고, 여느 가장처럼 퇴근 후에는 아이들과 땀에 흠뻑 젖도록 놀아준다. 그렇게 소소한 일상의 행복을 느끼며 살아가고 있다.

얼마 전 마흔한 살 생일 때였다. 어린 딸들이 생일 축하 노래를 사랑스럽게 부르며 초가 꽂힌 케이크를 내게 가져왔다. 나는 촛불을 불어서 끄려고 케이크에 입을 갖다 댔다. 그 행복한 찰나였다. 내 머릿속을 뭔가가 스쳐 지나갔다. 그저 흘러가는 대로 내 인생을 저렇게 내버려두면 어떻게 될까? 꺼져버리는 저 생일 촛불처럼 어느 순간 영원히 잊힐 것만 같았다. 그러면 죽음을 앞둔 대다수 환자처럼, 나의 삶을 살지 못했다고 후회하며 나 또한 그렇게 가겠지, 싶었다.

모든 것이 불확실했던 현실. 그 속에서 오로지 희망만을 품고 도전했던 격동의 청춘 시절이 내겐 있었다. 직장에 들어와서는 적응하기 위해 분투했고, 때가 되어 결혼도 하고 아이도 낳았다. 그렇게 세월은 흘러 정말 눈 깜짝할 사이에 40대에 접어들었다.

나이 드신 어르신들 말씀처럼 세월이 유수 같다는 말이 실감 났다. 지금 뭔가를 하지 않으면 어릴 때의 순수했던 꿈들은 그저 꿈으로만 그칠 것 같다는 생각이 들었다. 나는 이렇게 삶을 흘려보내기 싫었다. 가슴이 쿵쾅거리는 삶을 살고 싶었다.

삶의 마지막 순간, "이번 생은 정말 원 없이 잘 놀다 간다. 여한도 없고 후회도 없다"라는 말을 남기고 싶었다.

나는 남은 생을 더욱 가슴 뛰게 살고 싶었다. 결혼할 때 아내와 함께 만든 비전 보드를 다시 꺼내 들었다. 나는 비전 보드에 어릴 때부터 꿈꿔왔던, 내가 이루고 싶었던 이미지를 오려 붙였다. 50대, 60대 인생의 마디마디 때마다 어떤 모습을 갖춰야 할지, 어느 정도의 자산을 이루어야 할지 등…. 아침에 일어날 때마다 계속 이미지를 들여다보면서 마음 깊숙이 다져 넣었다.

그러자 가슴이 다시 쿵쾅거리고 설레기 시작했다. 내 인생을 깊은 시선으로 되돌아본다. 마흔에도 도전하는 삶을 그리며 꿈꿀 수 있는 것. 그 또한 20대의 청춘 시절 나를 이겨내려 인내했던 시간이 있었기 때문이리라. 나의 꿈만을 바라보며 참고 견뎠던 시간. 그때 만들어진 가치관은 나의 인생을 결정짓는 방향이 되었다.

30대 때 나는 그 방향을 따라 열심히 노를 저었다. 그리고 40대에 접어든 지금, 30대의 경험이 쌓여 사회와 인생을 바라보는 나만의 눈이 만들어졌다. 20대, 30대 청춘 시절을 어떻게 보내느냐에 따라, 흔히 말하듯 인생의 성공과 실패를 가늠할 수 있기도 할 것이다.

　마흔 줄에 접어들고 보니, 많은 삶이 보이기 시작했다. 20대에는 사회적으로나 경제적으로 친구들 간에 별 차이가 없었다. 그러더니 이 격차에 점점 속도가 붙다 40대에는 현격히 벌어지기 시작했다. 단순히 학벌이 좋은 친구들이 높은 사회적 위치를 점한 것은 아니었다. 자신만의 색깔이 뚜렷하고 인생 목표가 명확했던 친구들이 사회적, 경제적으로 많은 것을 거머쥐게 되었다. 그들은 항상 자신의 위치를 객관적으로 인식하고, 약점을 극복하기 위해 도전을 이어갔던 친구들이었다. 시간이 지나면서 그들의 그런 노력은 자신의 영역에서 크게 빛을 발했다. 이제 그들은 경제적 풍요를 누리며 자유롭게 살아가고 있다.

　좋은 대학교를 나온 친구들이 사회에서 좋은 기회를 부여받는 것은, 아직도 우리 사회의 엄연한 현실일지도 모르겠다. 하지만 사회는 빠르게 변화하고 있다. 단순히 학벌로써 성공을 논하는 그런 시대는 지나갔다. 자신만의 개성을 장착하고 실력을 갖춘 사람들만이 각 분야에서 살아남고 있다. 인생의 성공이라는 관점에서 봤을 때, 학벌은 부차적인 요소일 뿐이다. 너무 학벌 콤플렉스를 가지거나 학벌에 목맬 필요가 없다는 뜻이다.

10대에는 어쨌거나 부모님의 보호 아래 있다. 하지만 20대부터는 자신만의 본격적인 인생이 시작된다. 이 시기에는 다양한 경험을 통해 자신만의 가치관을 형성하고, 타인과의 관계에서 자신의 위치를 확인하며, 자기의 정체성을 찾아간다. 어떻게 인생을 살 것인지, 자신에게 어떤 일이 가장 잘 맞는지, 어떤 가치관을 가지고 살아야 할지, 깊이 고민해야 한다는 뜻이다. 얼마만큼 깊이 있게 고민하느냐에 따라 인생의 깊이 또한 달라진다. 인생의 여러 도전과 선택에서 흔들리지 않는 중심을 가지게 된다.

　무슨 일이든 순서가 있다. 젊을 때부터 물질적으로 풍요롭고 자유로우면 오히려 불행의 원인이 될 수도 있다. 청춘 시절에는 자신을 끊임없이 단련하고 연마해야 한다. 그 토대 위에 어느 시점이 되면 정신적인 측면에서도, 물질적인 측면에서도 꽃이 피게 된다. 그것이 인생의 올바른 궤도다.

　대나무는 씨앗이 뿌려진 후 4년 동안 3cm가 자란다. 하지만 5년이 되는 후부터는 매년 30cm씩 성장한다. 하루에 60cm 또는 1m 이상 자라기도 한다. 대나무의 이런 빠른 성장 비밀은 바로 뿌리에 있다. 5년의 세월 동안 대나무는 땅속에 뿌리를 내리고 죽순이 되기까지 인내하며 기다린다. 그러다 죽순이 나오기 시작할 때부터 엄청난 탄력을 받으며 3개월 동안 무려 25m까지 자란다고 한다.

　우리 사람도 대나무와 같이 뿌리를 내리고 성장하려면 반드시 인고의 시간을 가져야 한다. 당장 보이는 결과물이 없다고 밭을 갈아

엎는 대신, 청춘 시절은 자신에게 필요한 인고의 시간이라 믿으며 기다려야 한다.

　주변을 돌아보면 성공적인 인생을 살아가는 사람들은, 청춘 시절을 긍정적인 태도로 일관했다. 어떤 어려움이 나와도 회피하지 않고 정면으로 맞서며 인생의 뿌리를 내리는 과정, 성장하는 기회로 받아들였다.

　하지만 어려움을 회피하고 그저 흘러가는 대로 시간을 보낸 청춘들은, 나이가 들어 모든 것을 남 탓, 사회 탓하며 불만 가득한 삶을 살아갈 뿐이었다. 어려움보다는 순간적인 쾌락만을 선택하며 산 것이다. 이들은 당장은 어려움을 외면할 수 있다고 생각했을지도 모른다. 그러나 자신이 인생의 본질적인 질문에서 끝까지 벗어날 수 없다는 것을 알았어야 했다.

　결국 청춘 시절 자기의 껍질을 깨부수기 위한 필사의 노력을 하지 않으면, 시간이 지나 상황에 따라 이리저리 휘둘리는 인생을 살 수밖에 없다. 이른바 생각대로 사는 것이 아닌, 사는 대로 생각하며 살게 되는 것이다. 이렇게 인생을 사는 사람들이 우리 주변에 많이 있을 것이다. 언제나 불평불만만 가득한 사람들 말이다.

　청춘 시절의 모든 도전은 가치 있고 뜻깊다. 실패한 경험도 모두 의미가 있다. 언젠가는 반드시 빛을 발하는 삶의 지혜가 되어줄 것이다.

스무 살의 나는 조금 소심하고 내성적이었다. 특히 대학교 시절, 돌아가면서 의견이나 소감을 말하는 자리가 나에게는 곤욕이었다. 부끄러움이 많은 데다, 나의 감정을 표현하는 데 서툴렀기 때문이다. 나는 꿈을 이루기 위해 나의 약점을 극복하겠다는 각오를 다지기에 이르렀다.

　이후 다양한 캠퍼스 대외 활동에 참여하며 나의 한계를 깨부수기 위해 노력해나갔다. 중앙동아리 회장도 맡으면서 많은 행사를 치르며 주체적으로 조직을 운영하기도 했다. 조직 운영 방법은 물론 리더십이 무엇인지 몸소 배울 수 있었다.

　그때 용기 내어 쌓은 많은 도전과 경험이 지금 사회생활을 하는 데 크게 빛을 내고 있다. 현재 나는 회사의 경영기획 부서를 이끌고 있다. 전 직원 앞에서 실적을 발표하거나 회사 임원진 앞에서 보고하는 기회가 잦다. 때론 주요 행사에서 마이크를 잡고 사회를 보기도 한다. 분위기를 띄워야 할 상황에서는 분위기를 주도하기도 한다. 무대 앞에만 서면 긴장보다는 설렘이 가득한 체질로 변했다.

　밑의 직원들은 그런 나를 매우 외향적인 성격이라고 이야기하기도 한다. 하지만 이는 청춘 시절부터 나를 뛰어넘기 위해 부단히 노력해온 덕분일 터. 나는 확실히 과거의 나와 비교해서 백팔십도로 변화한 것이 맞다.

　청춘 시절, 나 자신을 극복하기 위해 용기를 냈던 모든 도전이 빛을 발하며 지금의 내 인생을 떠받치고 있는 셈이랄까.

그때 좋은 멘토가
있었더라면

우리 삶은 매 순간 선택의 연속이다. 그리고 그 선택의 결과 우리는 현재의 우리 모습으로 살아가고 있다. 자신의 미래를 선택할 수 있는 경우의 수는 무궁무진하다. 작디작은 선택의 결과가 나비효과를 일으켜 우리의 인생 방향을 바꾸기도 한다.

만약 인생의 중대한 갈림길에서 훌륭한 멘토의 조언을 구할 수 있다면 우리의 미래는 어떻게 달라질까?

현재 우리는 빠르게 변화하고 복잡한 양상을 띠는 세상에 살고 있다. 하루에도 수많은 정보가 생성되고, 정보의 홍수 속에 우리는 혼란스럽다. 모든 정보가 진실하지도 않다. 잘못된 정보나 가짜 뉴스는 우리의 판단을 흐리게 하고, 잘못된 결정을 내리도록 유도할 수 있다.

이러한 상황에서 경험과 지혜를 바탕으로 신뢰할 수 있는 멘토의 조언을 구할 수 있다면, 우리는 인생에서 올바른 선택과 판단을 내릴 수 있다. 멘토는 오랜 경험과 지식을 바탕으로 정보를 선별하고, 이를 바르게 해석할 수 있는 능력을 갖추고 있기 때문이다. 훌륭한 멘토는 단순한 조언자 이상의 역할을 하기도 한다. 그들은 경험과 통찰력을 바탕으로 복잡한 문제에 대한 해답을 제시하고, 멘티가 바른 결정을 내릴 수 있도록 이끌어주기도 한다.

청춘 시절 인생의 답을 찾으려고 많은 시간 방황했던 나는 현실적인 질문부터, 인생이라는 철학적인 질문까지 고민했다. 의문이 꼬리에 꼬리를 물었다.

친구들도 역시 마찬가지였다. 학점을 잘 받기 위해 주어진 과제를 열심히들 하기는 했다. 하지만 다들 어디를 향해 가는지 모른 채 달리기만 했다. 좋은 직장에 취업하기 위해 스펙 쌓기에만 열을 올리기도 했다. 그러한 현실 속에 마음은 공허하기만 했고.

나는 뭔가 마음이 답답할 때면 친한 선배들을 찾아갔다. 하지만 선배들도 그들의 위치에서 방황하는 건 나와 똑같았다. 치열한 경쟁 속에서 주어진 과제를 쳐내기에 급급했다. 인생의 방향을 정할 수 있는 결정적인 문제에는 그들도 정확한 답을 내지 못했다. 나는 시행착오를 겪으며 홀로 나아갈 수밖에 없었다.

청춘 시절은 많은 이들에게 혼란과 불확실성의 시기다. 사회적으로 정해진 규범과 기대 속에서 자신의 길을 찾기 위해 노력하지만,

많은 경우 그 방향성을 찾기 어려워한다. 대학생들은 학점과 스펙 쌓기에 집중하며 매일 바쁘게 살아간다.

나 역시도 좋은 성적과 좋은 직장이라는 목표는 분명해 보였지만, 그 목표를 향해 가는 과정이 때론 무의미하고 공허하게 느껴지곤 했다. 매일 과제와 시험에 쫓기며, 정작 어떤 삶을 살아가고 싶은지에 대한 진지한 고민은 뒷전으로 밀려나 있었다.

눈에 보이는 목표를 향해 달려가면서도, 내면에서는 자신이 진정으로 원하는 것이 무엇인지에 대한 의문이 계속해서 꼬리를 물었던 것이다.

청춘들의 고뇌와 도전들은 모두 의미가 있다. 깊이 고민하고 도전하는 만큼 인생을 깊이 성찰할 수도 있다. 하지만 쓸데없는 고민, 반복되는 고민에 많은 시간을 쏟아붓는 것은 시간 낭비일 수도 있다.

프롤로그에서도 언급했듯이 나는 젊어 고생은 사서도 한다는 말이 싫었다. 이왕이면 이들 청춘이 최소한으로 고생하고, 자신의 강점에 집중했으면 좋겠다는 생각을 자주 했다. 더욱 행복하게 도전할 수 있었으면 했다. 이는 청춘 시절 많은 시간을 홀로 견디며 도전했던 씁쓸한 내 기억 때문이기도 하리라.

좋은 멘토가 있었더라면 하는 아쉬움 속에서 나는 깨달았다. 누군가의 멘토가 되어준다는 것은 그만큼 중요한 일이라는 것을. 내가 경험한 고민과 어려움을 바탕으로, 내가 받지 못했던 도움을 누군가에게 줄 수 있다면, 그것이야말로 나의 인생에서 가장 의미 있는 일이 될 것이다.

어느덧 직장생활 15년 차가 되었고 이따금 후배들에게 상담해줄 기회가 생긴다. 어렵게 취업의 문을 뚫고 들어온 인재들이다. 그런 그들이 자신의 꿈과 실제 직장생활의 괴리감 속에서 괴로워하고, 몇몇 타 부서 후배들은 갈림길에서 헤매다 사직서를 제출하기도 했다.

학교 후배들부터 직장 후배까지 많은 청춘과 대화하면서, 고민하는 문제는 달랐지만 하나의 공통점은 있었다. 자기의 진정한 힘을 모르고 주변 상황에 이리저리 휘둘리고 있었다. 안타까웠던 건 그들 대다수에게 그들의 가치를 인정해주고 끌어올려줄 수 있는 멘토가 없었다는 점이다.

나는 20대 때부터 청년들의 진정한 멘토가 될 어른으로 성장하겠다고 다짐했고, 많은 청춘에게 희망을 전하면서 그들에게 자신만의 색깔을 찾게 해주고 싶었다. 나의 진심 어린 격려에 실제로 몇몇 친구들은 힘을 얻고 소생하는 모습을 보였고, 이는 내게 열심히 살아갈 이유가 되기도 했었다.

나는 이 순간이 바로 펜을 들어야 할 시점이라는 생각이 들었다. 나는 이번 생의 사명을 이렇게 정했다.

'청년들의 꿈과 희망이 되어, 그들의 거대한 잠재력을 끄집어내도록 도움을 주는 멘토.'

청춘들은 온갖 시행착오를 겪으며 나아가고 있다. 어쩌면 남들이 짜놓은 시스템에 그저 자신을 맞추는 게 가장 쉬운 선택일지도 모르겠다. 자신이 무슨 색깔의 개성을 가졌는지도 모른 채 말이다. 그러다 보면 삶의 끝에 이르러 또 자신이 원하던 인생이 아니었다고 눈물 흘리며 후회하지 않겠는가. 이러한 모습이 어쩌면 우리 모두의 일반적인 현실일 수도 있겠다.

대학 시절, 단지 점수를 따기 위한 공부가 내게는 가장 힘들었다. 남들보다 좋은 스펙을 갖기 위해 구색을 갖추는 공부는 그 과정이 무척 고통스러웠다. 특히 토익 공부가 그랬다. 그 당시 영어를 왜 공부해야 하는지는 나의 꿈과 연결된 명제가 아니었다. 단지 취업을 위한 점수가 필요했을 뿐이었다.

나름 요령껏 문제를 풀 수 있는 토익시험은, 시간만 투자하면 진짜 영어 실력과는 무관하게 점수를 올릴 수 있다. 하지만 전공 관련 자격증 준비에 여념이 없었던 나는 토익점수를 올릴 수 있는 답안 찍기에만 집중했다. 그런 공부는 정말 재미가 없었을뿐더러, 결과가 나오지 않으면 좌절감으로 인해 고통스러웠다.

어느 날 길거리에서 외국인이 갑자기 내게 길을 물어왔다. 하지만 나는 제대로 답변도 하지 못했다. 당시 나는 '내가 지금껏 뭘 하고 있었지?'라는 생각이 들었다. 알다시피 우린 중고등학교를 통틀어 많은 시간을 영어 공부에 쏟아붓는다. 하지만 제대로 된 영어 한마디도 하지 못하는 것이 우리의 현실이다.

나는 청춘이라는 소중한 시간이 허비되고 있다는 느낌이 들었다. 행복하지가 않았다. 애초부터 공부 방향이 잘못된 것이었다. 막연히 글로벌 인재가 되리라는 꿈을 꾸긴 했다. 하지만 영어 실력을 갖추기 위한 공부는 오로지 점수를 올리기 위한 공부로 변질되어 있었다. 게다가 마음의 여유가 없다 보니, 외국인 친구를 만나볼 생각조차 못했다. 나는 소중한 내 청춘을 큰 성과 없이 허비한 것 같아 괴로웠다.

직장생활하면서 30대 중반이 되어서야, 나는 영어 회화에 대한 한계를 극복할 수 있었다. 부담 없이 자기계발을 하고자 영어 회화 학원에 다니면서, 학원의 원어민 선생님들과 친해지게 되었다. 언어는 단지 그들과 교류하는 데 필요한 소통의 도구가 되었다. 우정이 깊어질수록 많은 교감을 나누고 싶어 나는 밤잠을 잊고 영어 공부를 했다.

어느 날 친한 외국인 선생님과 서로의 고민을 함께 나누며 대화를 오랜 시간 이어갔다. 그때 나는 문득 깨닫게 되었다. 모든 공부는 머리가 아닌 가슴으로 해야 함을….

만약 청춘 시절, 내게 살아있는 영어 공부를 할 수 있도록 조언을 해주는 멘토가 단 한 명이라도 있었다면 어땠을까? 내 인생이 많이 달라졌을까? 혹시 지금쯤 해외를 무대로 활약하고 있지나 않을지. 나비효과처럼 말이다.

아쉬움을 뒤로하고 이제는 나 스스로 청춘의 누군가에게 좋은 나비효과가 될 수 있기를 바라며, 오늘도 청춘들의 곁으로 향한다.

세상은 불공평하다는 것을
받아들이고 도전하라

어릴 때 우리집은 가난했다. 아버지 사업의 실패로 부모님은 생활비가 부족해 허덕이셨다. 그런 데다 아버지는 매일 술을 드시다시피 하셨다. 지금 짐작하건대 아마도 한 가장으로서 져야 하는 부담감 때문이었지, 싶다. 하지만 당시 나는 가족을 힘들게 하는 그런 아버지가 싫었다. 급기야 어머니가 아파트 청소까지 하기에 이르렀다. 그런 어머니의 모습을 볼 때면 마음이 아팠다. 그러면서도 친구들이 볼까 봐 어린 마음에 무척 부끄러웠다.

하루는 친한 친구 생일파티에 초청받게 되었다. 그런데 정작 생일 선물을 살 용돈이 없었다. 동전을 긁어모아 만든 돈은 딱 1,000원. 그 돈으론 살 수 있는 선물이 없었다. 나는 이런저런 핑계를 대며 친구의 생일파티에 가지 않았다. 아직껏 나의 마음 한구석에 짠한 아픔으로 남아 있는 멍울이다.

어쨌든 세월이 지나니 모든 것이 나의 스토리 재료가 되고 있기는 하다. 하지만 나는 그런 경험을 통해 가난이 얼마나 삶을 무너뜨리고 비참하게 만드는지 뼈저리게 알게 되었다.

마이크로소프트의 창업자, 빌 게이츠(Bill Gates)는 "Life is unfair, get used to it(인생은 불공평합니다. 그 불공평함에 익숙해지세요)"라고 말했다.

그의 말에는 성공의 과정을 겪으면서 느꼈던 경험이 녹아 있다. 그는 모든 사람이 바라는 대로 인생은 흘러가지 않는다고 했다. 인생은 불공평하기 때문이다. 하지만 불공평함을 있는 그대로 받아들이기보다는 그것을 적극적으로 개척하며 나아가라는 것이 그가 전하고자 하는 핵심 메시지일 것이다.

우리는 태어나면서부터 다양한 불공평 속에 노출되고 그 속에서 살아간다. 사실 세상에 공평한 것은 아무것도 없다. 누구나 자신이 원하는 상태로 태어나지 않으며, 누군가는 부유하고 누군가는 가난하게 살아간다. 우리에게는 두 가지 선택지가 있을 뿐이다. 세상을 원망하면서 누군가가 나타나 구원해주기만을 기다리든지, 지금 주어진 환경을 받아들이고 스스로 구원하든지.

경제적으로 매우 힘든 환경 속에서도 어린 시절, 우리 어머니는 주어진 환경을 적극적으로 개척해가셨다. 힘든 환경에도 굴하지 않으시고 언제나 나에게 희망만을 말씀하셨다. 무한한 용기를 불어넣어 주셨다. "항상 엄마에게 가장 큰 희망인 우리 큰아들은 반드시 잘 될 거야. 세상을 바꿀 큰 사명을 갖고 태어났거든. 엄마가 봤어. 확신해"라고 말이다.

모든 어머니의 자식 향한 마음은 같겠지만, 나는 우리 어머니의 따뜻한 그 한마디에 얼마나 많은 용기를 얻었는지 모른다. 아니, 믿고 싶었는지 모르겠다. 어머니는 인생의 괴로움을 맛본 사람만이 진짜로 사람들을 구제해낼 수 있다고 말씀해주셨다. 그래야 리더가 될 자격이 주어진다고 말씀해주셨다. 사업 실패로 매일 술만 드시는 아버지는 차치하더라도 아들만 바라보며, 한 여자로서 매우 외로우셨을 우리 어머니. 나는 꼭 성공해서 어머니를 최고로 행복하게 해드리고 싶었다.

나는 되뇌었다. 수도 없이 되뇌었다. '나는 반드시 세상의 빛이 되겠다. 나는 인류에게 희망을 주는 훌륭한 사람이 되겠다. 나는 훌륭한 리더가 되겠다'라고.

나는 누구보다도 청춘 시절을 도전하며 살았다고 자부한다. 물론 환경이 갖춰져 있는 친구들보다 시행착오가 많았다. 하지만 어려움에 굴하지 않았다. 결정적인 삶의 순간에는 나의 한계를 깨부수기 위해 많은 용기를 내기도 했다. 나를 싸고 있는 껍질을 계속 두드렸고, 껍질을 부술 때마다 내 의식이 변화하는 것을 느꼈다. 때론 편안하게 도전하는 친구들의 여유를 부러워하기도 했다. 그럴 때마다 나 자신을 채찍질하며 오로지 내 그릇을 크게 키우는 데만 집중했다. 어제의 나보다 조금이라도 성장했는지 점검하며 치열하게 청춘 시절을 보냈다.

목표로 했던 국립대학교 상과대학교 합격 통지서를 받던 날, 그리고 대학교 졸업을 앞두고 대기업 공개채용에 수백 대 일의 경쟁률을 뚫고 합격 소식을 듣던 날. 어머니는 눈물을 흘리셨다. 나 자신도 치열하게 산 것에 대한 보답이라고 생각했을까. 아직도 그 순간의 떨림과 감사함이 나의 삶을 관통하고 있다.

나는 대학생 때부터 알고 지냈던 지금의 아내를 만나, 어느덧 결혼생활 12년 차가 되었다. 대학 시절부터 아내는 자신의 꿈을 향해 적극적으로 인생을 개척해가는 사람이었다. 그래서 내가 더 끌렸는지도 모르겠다. 세계 여성의 리더로서 전 세계를 무대로 활약하는 꿈을 가지고 있던 아내는, 대학교 졸업 후 미국에서 직장생활을 했다. 미국으로 가는 길도 순탄치만은 않았다. 경제적으로도 넉넉지는 못했지만, 자신의 꿈이 확고했기에 모든 장애를 극복하고 나아갔다. 미국에 건너가서도 숱한 어려움이 많았지만, 꿈을 이루어내기 위한 인고의 시간이라 생각했다. 아내는 4년이라는 미국에서의 시간 동안 인생의 확고한 원점과 인생의 중요한 가치를 깨달았다고 한다. 전 세계 누구와도 소통할 수 있을 정도의 탄탄한 영어 실력은 덤이었고.

한국으로 돌아와서는 어린 시절의 꿈을 이루며, 세계를 무대로 활약해가고 있다. 그동안의 경험과 깨달음을 바탕으로 자신의 책《하마터면 육아만 열심히 할 뻔했다》도 출간하며 많은 이들에게 이정표가 되어주고 있다.

아내와 결혼 전에 우리는 약속한 것이 하나 있다. 부모님 도움 없이 우리 손으로 모두 만들어가보자고. 그리고 꿈을 향해 도전하는 두 사람의 한계가 어디까지인지 우리가 증명해보자고.

부모님의 지원을 받고 처음부터 기반을 갖추어 결혼한 사람들도 많지만, 우리는 남들이 전혀 부럽지 않았다. 우리만의 이야기로 많은 후배에게 길을 제시해주고 싶었다.

우리의 첫 신혼집은 투룸 월세로 시작했다. 마음먹기 나름이라고 하지 않나. 우리 둘은 그저 우리 둘만의 보금자리가 정말 행복했다. 지하철역 바로 근처다 보니, 출퇴근이 너무 편했다. 모든 것이 감사하게 느껴졌다. 남들의 시선은 크게 중요하지 않았다.

그리고 우리는 10년, 20년 뒤의 모습을 상상하며 비전 보드를 만들었다. 세계적인 무대에서 활약하고 있는 꿈부터 시작해서 마당이 있는 넓은 전원주택과 별장, 그리고 삼각별이 멋진 벤츠 SUV를 운전하는 모습까지. 지금은 비록 머나먼 이야기처럼 보이더라도 비전 보드에 이미지를 붙여두고, 우리는 꿈을 향해 서로 달려갔다.

인생의 큰 마디마디, 힘든 순간도 많았다. 하지만 장애가 나타날 때마다 우리는 전우처럼 함께 격려해가며 극복해갔다. 어려움을 극복할수록 우리의 의식과 세상을 바라보는 눈이 크게 달라지는 것을 느낄 수 있었다.

10년 후 어느 날, 아내랑 드라이브를 즐기는 순간 문득 깨닫게 되었다. 벤츠 SUV를 몰고 광안대교 위를 달리고 있는 지금의 우리가,

신혼 때 그렸던 미래의 모습이라는 것을.

우리 부부가 신혼 때 만든 비전 보드의 10년 후 모습들이 대부분 이루어져 있었다.

인도의 마하트마 간디(Mahatma Gandhi)는 이렇게 말했다.

"내가 만약 다시 태어난다면, 불가촉천민(不可觸賤民)으로 태어나고 싶다. 슬픔과 고통, 그들에게 향하는 모욕을 함께 나누고, 자신을 스스로 불가촉천민이라는 처지에서 구제할 수 있도록 노력하기 위해."

고생도 없고, 괴로움도 없다면 사람들의 마음을 알 수 없다. 진정한 리더가 될 수 없다. 간디는 그러한 마음으로 민중들의 고뇌를 적극적으로 받아들이고 함께 싸워나갔다. 그리고 인도의 민중으로부터 국부라는 칭호를 얻었다.

꿈에 다가서기 시작하면서 나는 이 모든 것을 내가 원하며 태어났다는 생각이 스쳐 지나갔다. 내가 어린 시절 겪어야 했던 어려움도 모두 나의 성장에 좋은 재료가 되었다. 오히려 어린 시절 가난의 상처들도 감사한 마음이 들기 시작했다.

그렇다. 나는 확실히 의식이 크게 성장한 것이다. 내가 만약 부유한 집안에서 태어났다면, 과연 인생을 깊이 이해할 수 있었을까? 다른 사람들의 마음을 깊이 헤아릴 수 있었을까? 일상의 행복에 진심으로 감사할 수 있었을까?

삶이 불공평하다고 원망하면서 힘든 인생을 살아가고 있다면, 이 삶을 하나의 연극이라 생각해보자. 희망이 보이지 않는 환경에서도 자신의 꿈을 실현해 나간다면, 사람들이 좋아하는 최고의 극본이 되지 않을까.

자기 주도적으로
자기혁신을 추구하라

바쁜 현대인의 삶은 고달프다. 월요일 아침부터 일어나기가 싫다. 억지로 피곤한 몸을 끌고 출근해서는 '집에 가고 싶다', '진짜 하기 싫다' 등 오만가지 생각을 하면서 주말을 기다린다. 그리고 일요일 저녁부터 또 회사에서 스트레스받을 생각에 급격히 우울해진다.

청춘 시절, 나는 직장만 들어가면 모든 것이 다 해결되는 줄로만 알았다. 하지만 그때부터가 인생 레이스의 진정한 시작이었다. 학교 다닐 때는 고민이 있으면 친구하고 수다를 떨면서 잠시나마 스트레스를 해소할 수 있었다. 하지만 회사에서는 모두가 선배다. 보이지 않는 위계질서도 있다. 때로는 자신의 의도와는 다르게 말이 와전되어 뒤통수를 맞기도 한다. 숨이 막힌다. 함부로 자신의 고충과 약점을 보일 수가 없는 이유이기도 하다.

대다수 회사는 튀는 사람을 별로 좋아하지 않는다. 자연스레 개인들은 조직문화에 적응해가면서 자신의 목소리를 강하게 낼 수 없다. 상사에게 몇 번 혼나기라도 하면 점점 소극적으로 변하게 된다. 상사의 비위에 거슬리지 않게끔 환경에 자신을 맞추어가며 자신의 색깔을 점점 잃게 된다. 어느새 다람쥐 쳇바퀴 돌 듯 매일매일을 그저 버티며 사는 자신을 발견하게 된다. 그렇게 시간은 흘러 나이는 애매해진다. 회사에서는 후배들이 치고 올라오고, 그렇다고 다시 도전하기에는 뭔가 두렵다. 계속해서 또 위에 눈치를 보며 그저 하루하루 살아갈 뿐이다.

아마 많은 직장인의 모습이 이러하지 않을까?

나 역시도 월요일이 다가오는 것이, 너무 싫을 만큼 직장생활이 힘든 적이 있었다. 회사에서 가장 악명 높기로 소문난 상사를 모시면서 하루하루가 힘겨웠다. 매우 예민한 성격의 상사는 사소한 실수에도 크게 꼬투리를 잡았다. 나는 상사의 눈치를 보며 점점 자신감을 잃어가기 시작했고, 그렇게 5년을 오직 인내심으로 버텼다.

어느 날 삶을 되돌아보게 되었다. 이렇게 윗사람 눈치만 보며 사는 것이 맞는지 나에게 물었다. 전혀 행복하지 않았다. 나는 지금껏 주도적으로 인생을 이끌어왔다고 믿으며 살아왔지만, 사회에 나오면서 타인의 기준에만 맞춘 삶이 아니었나, 하는 생각이 들었다. 사회의 거대한 시스템 속에서 끌려다니는 삶은 아니었는지 말이다.

한 번밖에 없는 인생을 남이 정해준 기준에만 살아간다면 슬플 것 같았다. 나는 어떤 순간에라도 내가 주도하는 삶을 살고 싶었다. 내가 꿈꾸는 삶을 말이다.

나는 인생의 변화를 선택했다. 당시 회사에서는 사회적인 분위기에 맞추어 남성도 육아휴직을 의무적으로 1개월 사용하게끔 했다. 나는 과감히 육아휴직 6개월을 신청했다. 그 당시 사회 통념상 남성이 육아휴직을 길게 사용한다면 승진이나 여러 기회에 있어서 불이익을 당할 수도 있었다. 하지만 나는 더 이상 남의 눈치를 보면서 이리저리 휘둘리기 싫었다. 내가 주도적으로 삶을 이끌어가고 싶었다. 복직하고 나서 어떤 불이익을 당할지는 더 이상 나의 고려 대상이 아니었던 것이다.

나는 육아휴직 기간, 아내의 권유로 영어학원에 다녔다. 나는 학원에서 사교성이 뛰어난 다양한 대학생 친구들을 만났다. 나이는 나보다 어렸지만, 몇몇 친구들은 순간순간을 소중히 하며 진정으로 인생을 즐기고 있었다. 그들과 함께하는 시간이 너무 즐거웠다.

그때 깨닫게 되었다. 우리의 삶에서 정해진 정답은 없다고. 그동안 이 사회가 정답이라고 가르친 길들이 오히려 사람들을 쇠사슬로 꽁꽁 묶고 있었다는 것을. 대다수 사람은 그저 맹목적으로 따라갔을 뿐이었다. 진짜 중요한 인생의 질문을 회피한 채로 말이다.

자기 주도적인 삶이란 어떤 환경에도 내 마음을 다스릴 수 있는 삶을 말한다. 대부분은 환경의 지배를 받는다. 그러나 성공적인 인물에 대한 많은 이야기를 들어보면 공통점이 하나 있었다. 바로 그들은 환경의 지배를 받는 것이 아닌, 환경을 지배하며 살아갔다. 환경을 탓하지도 않고 환경을 원망하지도 않는다. 그들은 자신의 마음을 다스리며 적극적으로 환경을 개척했다.

《부자의 사고, 빈자의 사고》 저자 이구치 아키라(井口晃)는 '가난한 사람은 타인이 정답을 알려 준다고 생각한다. 하지만 부자는 직접 정답을 생각해내는 일에서 가치를 찾는다'고 했다.

대부분 사람은 정해져 있는 길이 있고, 그 답을 따르는 일이야말로 자신의 성과를 낼 수 있는 유일한 방법이라 생각한다. 하지만 세상은 격변하고 있다. 이전에 옳았던 길과 방식이라 하더라도 현재는 다를 수가 있다. 오히려 시대에 뒤떨어질 가능성이 크다. 과거에 계속 머문 채, 그 방법만이 정답이라고 믿고 움직이지 않는다면 결코 성장할 수 없다. '정해진 답은 없다'라는 사실을 아는 사람이야말로 자신의 길을 개척해갈 수 있다. 자신의 길을 개척하기에 진정으로 자신이 원하는, 가슴이 시키는 삶을 살아갈 수 있다.

자기 주도의 삶, 사회에서 결과를 내는 사람들이 한결같이 이야기하는 공통점이 있다. 바로 '사소한 생활 습관'에서부터 자기혁신의 첫걸음은 시작한다는 것이다.

육아휴직에서 복귀하면서, 나는 회사에서도 나의 삶을 주도적으로 살겠다고 선언했다. 우선 아침에 일어나는 습관부터 바꾸었다. 억지로 눈을 뜨고 힘겹게 시작하는 것이 아닌, 알람이 울리면 바로 침대에서 일어나 이불을 반듯하게 정리하기 시작했다. 나의 주도하에 이불을 정리하며 능동적으로 시작하면서 하루를 대하는 태도가 달라지기 시작했다. 나비효과처럼 회사에서도 적극적으로 행동해갔다. 사람들 시선에 크게 개의치 않고 말이다. 이러한 간단한 일로 실제로 뇌는 '나의 삶은 내가 통제한다'라고 인식하게 되면서 능동적인 뇌로써 하루를 살아가게 된다고 한다.

그 덕분일까? 나는 이듬해 한 부서를 이끄는 매니저로 승진했다. 육아휴직 이후 남들이 우려를 보냈던 승진의 기회에서도 밀려나지 않은 것이다.

자기 주도적으로 자신의 길을 굳건히 가고자 다짐하는 사람들에겐 단단한 각오가 필요하다. 단단한 각오를 한 사람들은 외부 환경에 쉽게 상처받지 않는다. 어려움이 있더라도 그것을 경험과 기회로 받아들일 수 있다.

나는 스무 살 때부터 매일 아침, 단 5분이라도 나의 각오를 다지는 명상의 시간을 갖는다. 마음속 깊이 있는 진실한 나의 내면을 바라보며, 깊은 인생의 서원을 불러일으킨다. 이 시간만큼은 나의 인생 목표를 점검하는 유일한 시간이다. 우리 인간은 소우주라고 하지 않았나. 직관의 힘으로 우주의 거대한 힘을 느끼며 나를 우주의 톱니바퀴에 맞춰 간다. 무한한 대우주의 힘을 경외하면서, 나 또한 그러한 힘을 가지고 있다고 스스로 자각한다. 나는 우주의 대생명과 일치되어간다. 동시에 '나는 중요한 사람이다'라는 자기 확언을 해간다.

　이러한 명상을 통해서 나는 무한한 자신감을 얻고 있다. 그리고 이 명상을 실천하면서 가장 놀라운 점은 그 누구와도 비교하지 않는 나 자신이 되었다는 것이다. 청춘 시절 힘든 환경 속에서 도전했지만, 그것을 내가 극복해야 하는 사명으로 받아들였다. 오로지 초점은 나 자신과 싸움에서 이기느냐, 지느냐 둘 중 하나였다. 그렇기에 시기, 질투보다는 남들의 좋은 소식에는 진심으로 함께 기뻐하는 사람이 되어 있었다. 직장생활의 힘든 시기에도 나의 깊은 서원이 있기에, 어려움을 인내로 극복해갈 수 있었고 새로운 전환점도 만들 수 있었던 것이다.

　우리의 삶은 우주가 준 선물이다. 누구나 화려한 꽃처럼 예쁘고 멋있게 살 의무가 있다. 남이 맞추어놓은 인생이 아닌 내가 세운 기준으로 살아보자. 자기 인생의 정답은 오로지 나만이 알고 있다. 나의 인생을 살아가는 때만 어떠한 결과가 나오더라도 후회하지 않는 인생이 될 것이다. 그 속에서 더없이 멋진 나를 마주하게 될 터고. 그런 마음으로 살다 보면 언젠가 세상의 중심에서 움직이는 나를 만날 수 있지 않을까.

　나는 오늘 하루도 자기 주도적으로 살고 있는지 다시 한번 반문해보면서 각오를 다진다. 누군가에게는 이정표가 되는 삶이 될 것이라는 것을 확신하면서.

도전하지 않으면
아무 일도 일어나지 않는다

우리는 살아가면서 두 부류의 사람들을 만나게 된다. 자신의 꿈과 목표를 명확하게 세우며 자신의 길을 걸어가는 사람들, 그리고 목적의식 없이 그저 살아가는 사람들.

내가 만나본, 자신의 꿈과 목표에 도전하는 사람들은 하나같이 삶에 진취적이었다. 변화를 두려워하지 않았고 새로운 경험을 즐겼다. 자신의 약점도 가감 없이 드러내며 그것을 극복하기 위해 도전해 갔다. 그런 사람들을 만날 때마다 나 자신도 함께 성장하는 느낌이 들었다. 계속 만남을 이어가고 싶은 생각이 들었다.

반면 목적의식 없이 살아가는 사람들은 그저 삶을 살아가는 데만 급급했다. 왜 바쁜지도 모른 채 남 눈치만 보면서 그냥 달려만 가고 있었다. 삶을 비판적으로 바라보고 매사 부정적이었다. 남의 기쁨에는 질투심을 느끼며 흠집을 내기 바쁘다. 또한 하나같이 변화를 극도로 싫어했다. "나 때는 말이야"를 시전하면서 말이다. 그들과 대화를 나누면 빨리 자리를 뜨고 싶었다. 부정적인 기운이 나를 감싸오기 때문이다.

다른 사람들에게 우리는 어떤 사람으로 기억되고 있을까? 계속 만나보고 싶은 사람일까? 아니면 더 이상 보고 싶지 않은 사람일까?

풍요롭고 행복한 인생을 살고 싶다면 어떻게든 남들이 만나고 싶어 하는 사람이 되어야 할 것이다. 그러기 위해서는 명확한 자신의 목표를 세우고 적극적으로 인생을 도전해가야만 한다. 도전하는 속에서 자신만의 가치를 만들어내고 다른 사람들에게도 좋은 영향력을 줄 수 있다.

자신의 인생 목표, 사명을 자각하는 사람은 강하다. 어떤 어려움이 오더라도 쉽게 쓰러지지 않는다. 그들에게 어려움이란 성장할 수 있는 하나의 기회가 된다.

사명이라고 해서 거창한 것은 아니다. 우리 주변을 둘러싸고 있는 모든 만물은 각각의 역할과 사명이 있다. 산속의 나무들, 바다의 물고기들, 하늘의 별들까지도 모두 각자의 역할이 있고 이 세상을 구성하고 있다. 하찮게 보이는 미물도 생태계 순환에 있어서 꼭 필요한 존재다.

같은 산이라도 높은 산이 있고, 낮은 산이 있다. 웅장한 폭포가 있는가 하면, 작지만 운치가 넘쳐흐르는 폭포도 있다. 모두 제각기 다르지만 아름답다. 하물며 우리 인간도 마찬가지다. 모두가 쓰임은 다르지만, 각자의 사명이 있다. 어떤 사람은 과학을 통해 인류의 삶을 개선하고, 어떤 사람은 예술을 통해 감동을 전하며, 또 다른 사람은 사회의 약자를 돕는 일을 하기도 한다.

그러한 자신의 사명을 발견하기 위해서는 무엇이라도 도전하는 것이 중요하다. 도전하는 속에서 자신의 길을 발견할 수가 있다. 보석은 땅속 깊이 묻혀 있다. 캐내지 않는다면 계속 파묻힌 그대로 남아 있다. 이와 마찬가지로 우리 각자의 가슴속에도 자신만의 보석이 있다. 그것을 파묻어 둔 채 인생을 허비하는 사람들이 대부분이다. 자기의 보석을 캐내기 위해서는 끊임없이 도전하고 노력해야 한다. 어쨌든 자신의 한계까지 노력하는 길 외에는 답이 없다.

여러 연구 논문에 따르면 인간의 본성은 게으름을 선호한다고 한다. 움직임을 만들어내면 대뇌피질에서 여분의 에너지를 끌어와야 하는데, 이때 뇌는 힘들어진다고 한다. 많은 사람이 틈만 나면 게으름을 피우려고 하는 이유도 이 때문이다.

하지만 뇌의 특성이 그렇다고 해서 게으름을 피우고 할 일을 미루면 인생을 성공적으로 살 수 없다. 뇌가 지시를 내릴 수조차 없는 그 찰나의 순간, 머리보다 몸이 먼저 반응할 수 있도록 반복행동, 루틴을 만들어두는 것이 중요한 이유다.

프리미어리그 득점왕을 차지한 우리나라 축구계 레전드 반열에 오른 손흥민 선수는 이렇게 말했다.

"운이 좋았습니다. 하지만 어렸을 때부터 정말 많이 연습한 포인트입니다. 정말 많이 연습한 슛이었어요."

그는 항상 골을 넣고 인터뷰할 때마다 운이 좋았다고 하거나, 다른 동료들에게 공을 돌린다. 나는 늘 손흥민 선수의 실력뿐만 아니라 인성이 멋지다고 생각했다. 하지만 더 특별하게 생각했던 것은, 성공한 사람들은 하나같이 자신만의 루틴을 완성했다는 사실이다.

손흥민 선수는 패널티 박스 모서리 부근, 움직이는 볼을 반대편 포스트 모서리로 감아 차는 슛을 하루에도 수백 번 연습했다고 한다. 그 루틴이 프리미어리그 득점왕이라는 영광을 만들어냈다. 결코 운이 아닌, 자기와의 철저한 싸움의 결과였다.

특정한 시간에 특정한 실천을 반복해간다는 것은 어려운 일이다. 하지만 내가 간절히 원하는 구체적이고 명확한 목표, 그 목표를 매일매일 상상하며 실천해가는 루틴이 성공의 핵심이다.

나는 언젠가 세계를 무대로 활약해가는 자신을 그리고 있다. 그러기 위해서는 세계의 여러 사람과 소통이 되어야 한다. 영어 공부를 꾸준히 하는 것이 나의 도전 목표가 되었다. 매일 꾸준히 공부를 이어가는 것은, 쉽지 않은 싸움이었다.

나는 영어학원의 새벽반을 선택했다. 비싼 수강료가 아까워서라도 매일 공부할 수밖에 없는 환경을 만들었다. 변수가 많은 퇴근 시간 이후보다는, 통제할 수 있는 새벽 시간을 선택했다. 처음에는 아침잠을 줄여 집을 일찍 나서는 것이 힘들었다. 하지만 루틴이 되기 시작하면서 자연스레 새벽 5시 반이면 눈이 떠지기 시작했다. 하루를 상쾌하게 시작할 수 있게 된 것이다.

어느덧 새벽에 영어학원 다닌 지 5년이 넘었다. 매일 영어를 공부하면서 영어 회화에 대한 자신감뿐만 아니라, 나의 세계관을 확장해 갈 수도 있어 좋았다. 좁은 우리나라만의 시각이 아닌, 세계의 여러 이슈에 대해서 깊게 고민하면서, 글로벌 문제에 대한 균형적인 시각을 기를 수 있었다. 세계를 향한 내 꿈을 구체화해갈 수 있는 영감을 받기도 했다.

뉴턴의 법칙 중 작용, 반작용의 법칙이 있다. 물체가 다른 물체에 힘을 주면, 힘을 받은 물체는 크기는 같고 방향이 반대인 힘을 상대 물체에 가한다. 책상을 세게 치면 큰 소리가 나고, 작게 치면 작은 소리가 나는 것이, 그 원리다. 신기하게도 이는 우리의 삶 속에도 똑같이 적용된다.

좋은 일을 계획하면 항상 그에 반하는 작용들이 나타난다. 우리가 큰 꿈을 꾸고 도전하기로 마음먹었을 때, 도전을 가로막는 큰 작용들이 나타난다. 새로운 도전을 평가절하하고 끌어내리는 사람도 나타나는가 하면, 주변 사람들이 생각 없이 상처를 주는 말을 내뱉기도 한다. 무엇보다도 자신에게 새로운 도전에 대한 두려움이 엄습해 도전하는 것이 꺼려지기도 한다. 실패하는 것이 두렵기 때문이다.

테슬라 창업자 일론 머스크(Elon Musk)도 인터뷰에서 다음과 같이 밝혔다.

"사실 저도 도전에 두려움을 느낍니다. 두려움은 지극히 정상적인 일입니다. 하지만 강한 믿음이 있다면 두려워도 해내고 말지요."

두렵더라도 도전을 이어가야 한다. 중요한 것은 반드시 해내겠다는 강인한 의지, 그리고 자신에 대한 믿음이 필요하다. 설사 원하는 결과를 만들어내지 못하고 실패할 수도 있다. 하지만 그러한 실패조차도 모두 의미가 있다.

안전하고 평범한 길에 머무는 것이 물론 더 쉽다. 하지만 삶이 바뀌는 것은 거의 없다. 행운은 노력하는 자, 도전하는 자에게 찾아온다. 성공하는 사람들을 살펴보면 행운이란 날마다 하는 작은 선택과 소소한 행동이 가져오는 결과라는 사실이다. 그런 선택과 행동을 할 때마다 좋은 힘과 운이 쌓이고, 시간이 지나면 눈에 보이는 현격한 차이를 만들어낸다.

우리를 눈앞에서 기다리고 있을 놀라운 세계가 궁금하지 않은가. 도전하지 않으면 아무런 가치도 만들어낼 수 없다.

책 속에서
인생의 처방전을 찾아라

넬슨 만델라(Nelson Mandela)는 남아프리카의 인종차별 정책에 맞서다 오랜 시간을 감옥에서 보냈다. 정부의 갖은 회유도 그의 불타는 정의감을 꺾을 수는 없었다. 5년형이 무기징역으로 바뀌었지만, 그는 굴하지 않고 감옥에서도 더욱 인권평등을 외쳤다. 72세의 늦은 나이에 석방되었지만, 이듬해 노벨평화상을 수상하고 남아프리카 최초 흑인 대통령으로 선출되기도 했다. 온갖 탄압과 박해 속에서도 그를 더욱 정의감으로 행동하게 하는 신념과 용기의 원천은 어디에 있었을까?

바로 독서에 있었다. 그는 독서를 통해 자신의 정신을 유지하고 세계에 대한 깊은 이해를 얻었다고 한다. 그의 지식과 지혜는 결국 남아프리카의 인종차별 철폐와 평등을 위한 노력에 큰 부분을 차지한 셈이다.

세상을 바꾼 위대한 사람들은 모두 독서를 통해 인생을 개척하고, 그 결과 역사를 만들어나갔다. 독서는 우리에게 지식, 영감, 그리고 새로운 시각을 제공해 우리의 삶을 더욱 풍요롭게 만들어주는 힘을 갖고 있다.

누군가는 "책을 읽는 사람은 많은 삶을 산다. 하지만 독서 하지 않는 사람은 그저 한 번만 산다"라고 말한다.

나는 이번의 소중한 인생을 많은 경험과 체험을 통해 깨달음을 얻고 싶다. 하지만 그러기에는 인생은 너무 짧다. 많은 시간과 돈도 필요하다.

다양한 경험을 가능하게 하는 방법이 바로 독서다. 독서를 통해 저자의 시각으로 세상을 새롭게 바라보면서 많은 인생을 체험할 수 있다.

가끔 영혼을 깊게 울리는 책을 읽을 때가 있다. 영감을 주는 좋은 책들은 저마다 새로운 차원의 세상이 있었다. 책 속의 새로운 차원의 세상을 직접 만나면서, 내가 발 딛고 있는 이 세상을 바라보는 눈과 힘도 만들어졌다. 그리고 언젠가는 내가 진짜 살아가고자 하는 세상을 스스로 선택할 수 있다는 사실도 알게 되었다. 책을 통해 다른 세상에 대해서 이해할 수 있게 되었고, 내가 그 세상으로 넘어갈 수도 있다는 사실을 알게 된 덕분이다.

독서는 나를 바라보는 시간을 가지는 것이다. 내가 처음부터 가지고 있던 생각들을 바라보는 시간이고, 경험을 통해서 얻은 것들을 바라보는 시간이다. 독서는 내가 가지고 있는 기억들과 경험의 파편들을 연결해준다. 각각의 점들이 선으로 연결되고 면으로 만들어진다. 이러한 면들이 모여 나의 힘이 되고 삶의 무기가 된다.

한창 불안한 미래와 막연히 싸워야만 했던 나의 청춘 시절, 이따금 찾아오는 고독과 외로움에 괴롭기까지 했다. 외로움을 잊기 위한 다른 사람과의 만남은 공허함이 가득했다. 외로움의 본질에 대한 갈증이 전혀 해소되지 않았기 때문이다. 어떻게든 홀로 이겨내고 앞으로 나아가야 했다.

나는 그 시간을 주옥같은 많은 책을 통해서 견뎌낼 수 있었다. 영감을 주는 책들은 하나같이 나의 영혼을 건드렸다. 내가 걸어가야 할 길을 보여주었다.

한창 괴로울 때, '인생의 시련은 그 시련이 주는 의미를 알게 될 때 더 이상 시련이 아니다'라는 문구를 발견했다. 나는 깊은 사색을 통해 지금의 외로움과 시련을 잘 견뎌낸다면, 시련을 딛고 크게 성장할 수 있다는 믿음을 얻게 되었다. 책을 통해 인생의 처방전을 받은 것이다.

그렇게 나와 마주하고 끝없이 괴로워하며 질문했던 시기가 있었기에 나는 책을 읽었고 삶을 바꿀 수 있었다. 독서로 나의 내면에 집중한 그 시기를 통해 나는 단단해질 수 있었다.

나의 아내는 대학교 졸업 후 부푼 꿈을 안고 미국에서 사회생활을 처음 시작했다. 하지만 현실과 이상은 달랐다. 매우 예민한 직장 상사를 만나 숨쉬기도 힘들 정도로 직장생활이 힘에 부쳤다. 엎친 데 덮친 격으로 큰 교통사고를 통해 후유증으로 몸 상태마저 받쳐주질 못했다. 모든 것을 포기하고 한국으로 돌아갈 수도 있지만, 자기 꿈이 부정당하는 것 같았다. 꼼짝없이 병실에 누워있는 동안 하루하루가 지옥과도 같았다. 몸과 마음의 고통은 갈수록 커졌고, 어둠 속에 홀로 있는 고독이 얼마나 무서운 것인지 알게 되었다. 실의에 젖어 자신의 처지를 비관하며 눈물로 밤을 지새우다, 어느 순간 삶과 죽음을 깊이 생각해보게 되었다.

그때부터 닥치는 대로 책을 읽기 시작했다. 종일도 모자라 몇 날 며칠을 밤을 새워가며 책을 읽었다. 책을 읽을수록 인생을 바꾸고 싶다는 의지가 힘을 얻었고, 인생이 달라질 수도 있다는 희망을 얻었다. 온전히 독서를 통해 한 줄기 빛을 찾고 다시 일어설 수 있었다.

아내는 이렇게 보란 듯이 어려움을 씩씩하게 극복하고, 4년 동안의 미국 생활을 잘 마치고 귀국했다. 그리고 현재 자신이 꿈꾸던 일을 하며 꿈을 실현해가고 있다. 아내는 생사를 오고 갔던 1년 동안 200권이 넘는 책을 읽었던 그때가 자신의 독서 경쟁 상대라고 말한다.

아내는 여행을 가거나 잠시 외출을 나가도 항상 책을 몸에 지니고 있다. 어떻게든 그 속에서 짬을 만들고 단 한 줄이라도 책을 읽는다. 독서는 아내의 일상이고 삶의 일부분이 된 것이다.

나는 아내만큼은 아니지만 꾸준하게 책을 읽어 오고 있다. 아내는 짧은 시간에 다독하면서 관심 주제에 대해 폭넓게 습득하는 스타일이고, 나는 정독하면서 저자의 생각을 깊이 음미하는 스타일이다. 둘 중 어떤 것이 좋은 독서 방법인지는 중요하지 않다. 다만 독서를 자기 삶의 일부로 만들어간다는 사실이 중요하다. 우리는 볼 수 있는, 딱 그만큼 세상을 볼 수 있다. 넓게 읽고 깊게 사유한 만큼만, 세상은 자신을 내보인다. 하나의 결과와 현상을 가지고도 저마다 다른 해석과 관찰을 내놓는 이유이기도 하다.

오늘날 스마트폰과 각종 미디어 등의 발달로 책을 읽지 않는 사람들이 많다. 유튜브 영상, 인스타그램 사진들이 독서를 대체하고 있다. 이러한 콘텐츠들을 통해 정보와 지식을 얻기도 하지만 그 깊이에는 독서와 비교해서 뚜렷한 한계가 있다.

독서는 단순히 눈으로 책만 보는 것이 아니다. 눈으로 글자를 보는 그 순간, 뇌 속에서는 수많은 일이 일어난다. 눈으로 들어온 글을 뇌 속에서 의미를 부여하고, 내용을 이해해서 분류하고 저장한다. 이때, 뇌의 전두엽과 측두엽 간 네트워크가 활성화된다고 한다.

이러한 과정이 반복되면 뇌의 여러 부분이 동시에 발달하게 된다. 인지력뿐만 아니라 이해력, 말하기 능력까지 동시에 개발되고 사고력 또한 깊어진다.

책을 많이 읽은 사람이 말도 잘하는 이유는 지식이 많아서가 아니라, 뇌의 많은 부분을 동시에 사용하면서 텍스트를 해석하고 생각하고 표현하는 능력이 전반적으로 발달하기 때문이다.

어떤 친구들과 대화를 나누다보면 벽에 부딪힐 때가 있다. 대화의 주제가 매우 제한적이고 원초적이었다. 그들의 일상을 살펴보면, 하나같이 독서와는 벽을 쌓고 있었다. 대부분 인생을 대하는 태도도 진중하지 못했다. 자기 자신만 생각했고, 자신의 감정에 휘둘려 행동했다.

독서를 하지 않는다면 사고 수준이 제한될 수밖에 없다. 마치 개구리가 우물 안이 세계의 전부라고 착각하는 것과 같다. 성장하고 발전하는 사람이 되기 위해서는 끊임없이 새로운 지식과 경험, 깨달음, 지혜를 축적해야 한다. 책을 읽으면 뇌가 활성화될 뿐 아니라 의식 수준이 높아진다. 폭넓은 사고를 하게 되고 세상을 보는 시야가 넓어진다. 그동안 보지 못했던 곳에서 기회를 발견하기도 한다.

나무는 자양분을 주면 줄수록 크게 자란다. 마찬가지로 우리의 정신도 자양분을 주어야 한다. 그러려면 책을 읽어야 한다. 청춘 시절에 읽은 책은 일생의 재산이 된다.

부자들을 연구하는 작가 토머스 콜리(Thomas C. Corley)는 부자와 가난한 사람의 독서 습관을 5년에 걸쳐 조사했다. 부자 중 88%가 하루 30분 이상 독서를 했고, 가난한 사람들은 책을 읽지 않거나 훨씬 적게 책을 읽었다. 부자들은 부자가 되고 부를 유지하기 위해서 책을 읽어야만 한다는 사실을 알고 있었고, 가난한 사람들은 그 사실

조차 모르고 있었다. 세계 최고의 투자자이자 부자인 워런 버핏(War-ren Buffett)은 여가의 80%를 독서로 보낸다고 한다.

책은 내가 알고 상상할 수 있는 세계의 한계에서 벗어날 힘을 주고, 다른 관점, 다른 세상에서 문제를 바라볼 수 있는 시각을 준다. 책은 다른 세상의 문을 열어주는 열쇠다. 보이지 않던 다른 세상을 찾게 해주고 그 문을 열어준다.

유대인의 격언에 '100명의 유대인이 있다면 100개의 의견이 있다'라는 말이 있다. 모든 사람의 다양성을 존중하면서 각자가 모두 다른 존재라는 의미다. 우리의 교육시스템은 질문과 대답, 토론보다는 사지선다형 문제 풀이에 많은 시간을 보낸다. 시험지의 답을 찾기 위해서는 다른 사람의 생각을 읽어내는 것이 가장 중요하다. 자신의 생각을 표현할 기회조차 없는 것이다.

하지만 이제는 세상이 변했다. 당연하다고 생각하던 것이 당연하지 않고, 불가능하다고 생각한 것이 가능해지고 있다. 이제는 과거의 옳은 정답이 더 이상 정답이 아님을 알고 있다. 아무도 살아본 적이 없는 새로운 시대에서는 그 누구도 답을 알고 있지 않다. 지금부터 필요한 것은 나만의 답을 가지는 힘을 만드는 것이다. 그 원천은 바로 풍부하고 깊은 독서다.

지금까지 살아왔던 대로 똑같이 살기로 마음먹었다면 책을 읽지 않아도 상관없다. 어제보다 조금이라도 나아진 모습으로 살고 싶다면 반드시 책을 읽어야 한다.

내가 살고 있는 세상에만 머물 것인가? 아니면 다른 세상을 이해하고 나의 세상을 넘어 다른 세상으로 넘어갈 것인가?

07

방황해도
충분히 괜찮아

학창 시절, 미술 선생님께서 학생들에게 흰 도화지에 자신의 꿈을 그리도록 했다. 갑작스럽게 꿈을 그리라고 하니, 하염없이 막막해졌다. 무엇을 그려야 할지 몰랐기 때문이다. 다른 친구들도 당황스러운 표정을 짓는 것은 마찬가지였다. 모두 서로 눈치 보며 그저 어른들이 좋게 생각하는 직업을 선택해 그려나갔다. 다들 무엇을 할 때 가장 즐겁고 행복한지 몰랐기 때문이다.

나는 그동안 사회생활을 통해 많은 사람을 만나왔다. 자신의 길이 무엇인지 몰라 괴로워하는 청춘들이 있었는가 하면, 목표한 바를 이루지 못해 실의에 빠진 친구들도 있었다. 아예 꿈을 포기하고 현실에 맞춰 살아가는 친구들도 많이 만났다. 모두 사연은 달랐지만, 각자의 처지에서 인생의 방향을 잃고 방황하고 있었던 것이다. 마치 학창 시절, 나의 꿈을 그리지 못했던 미술 수업 시간처럼, 스무 살이 넘은 그들은 여전히 자신의 꿈을 그려가지 못했다.

사실 방황은 20대, 30대 청춘의 소유물만은 아니다. 우리는 완벽한 신이 아닌 이상 죽을 때까지 방황한다. 나이가 들어가고 세상의 지혜를 깨닫게 되면서 방황의 수준은 점차 달라지지만, 방황 그 자체는 인간이 가지고 있는 속성이다.

방황은 방향이 흔들리고 명확하지 않을 때 나타난다. 앞이 희미하고 앞으로 달려가도 방향이 잘 보이지 않을 때 방황은 시작된다. 하지만 방황은 자신의 성장이란 속성도 함께 내포하고 있다. 방황을 통해서 자신이 성장하는 기회가 될 수 있는 것이다. 길을 찾아가는 과정에서 자신의 방향이 명확해지기도 한다. 그렇기에 방황의 시기에 무엇을 행동하고 있느냐에 따라 성장의 크기와 모양이 달라질 수 있다. 이럴 때일수록 꾸준하게 자기를 극복하기 위한 도전이 반드시 이루어져야 하는 이유다.

아프리카 속담에는 이런 말이 있다. '길을 잃는다는 것은 곧 새로운 길을 알게 된다는 뜻이다.'

나는 청춘 시절 내가 가장 좋아하는 일을 찾기 위한 도전을 계속했다. 하지만 동시에 어떻게 인생을 올바르게 살아가야 하는지 고민을 더 많이 했다. '우리는 어디서 왔고, 어디로 가는 것인지' 철학적인 질문도 함께 말이다. 하지만 우리 사회풍토는 그런 근본적인 질문에 대해서 논하는 것을 아주 많이 불편해했다. 각자가 알아서 해결해야 할 부분이었다. 나는 방황했다. 영혼의 갈증을 해소하고자 고전부터 시작해서 많은 책을 읽기 시작했다. 사색하고 또 사색했다. 외로움과 고독으로 괴로웠지만 계속해서 사색했다.

어느 순간 나는 내면에서 무엇인가를 발견하기 시작했다. 누구나 마음 깊숙한 곳에, 무엇이든 이겨낼 수 있는 강한 생명력과 잠재력이 있다는 것을 깨닫게 된 것이다.

인생의 커다란 질문에 답을 찾기 위한 20대 청춘 시절의 방황은 현재 나의 방향이 되고 있다. 웬만한 어려움에는 쉽사리 흔들리지 않는 내공을 쌓게 되었다. 나는 방황을 통해서 나만의 방향감각을 얻을 수 있게 된 것이다. 우리는 내면의 나침반이 가리키는 방향을 알 수 있다면 길을 잃었을 때도 지도가 없는 곳에서도 계속 앞으로 나아갈 수 있게 된다.

젊은 시절 방황들은 시간이 지나 되돌아보면, 그 어느 시기보다 가치가 있다. 자신에게서 내면의 소리를 들을 절호의 기회이기 때문이다. 지금까지 생각지도 못한, 전혀 다른 길을 발견하거나 더 가치 있는 것을 찾아나서는 여정이 될 수도 있다. 비로소 자기답게 사는 방향들을 개척할 수 있다는 것이다.

반대로 방황하지 않는 인생은 더 나아지려는 의지가 없음을 뜻한다고 할 수도 있다. 괴테(Johann Wolfgang von Goethe)가 '더 이상 사랑도 하지 않고 방황도 하지 않는 자는 무덤에 묻히는 편이 낫다'라고 말한 것도 이러한 연유일 것이다.

아무것도 없는 백지 위에 그림을 그리라고 한다면 쉬운 일은 아니다. 우선 자신이 그리고자 하는 것이 무엇인지를 생각해야 한다. 그러고 나서는 백지 위 공간에 생각들을 어떻게 채워 넣어갈 것인지 스케치를 해야 한다. 스케치를 수정하고 또 수정해서, 그렇게 작품은 완성되어진다.

우리의 인생도 사실 작품을 완성시켜나가는 과정과 다를 바 없다. 백지 위에 무엇을 채워 넣을까 고민하는 것이 자신의 꿈을 설정하는 것과 흡사하다. 자신의 꿈을 도전하는 과정에서 고난이 계속해서 찾아온다. 이 길이 내가 가고자 하는 길인지 방황한다. 내가 무엇을 가장 좋아하는지도 잘 모르겠다. 어쨌거나 중요한 것은 계속해서 꿈을 찾기 위해 노력하는 것이다. 길이 맞지 않는다고 생각하면 다시 목표를 설정하는 것이다. 마치 스케치하듯이 말이다. 그러면서 내가 가고자 하는 길이 명확해지기 시작하고 자신이 가장 좋아하며 잘하는 일을 찾게 된다. 그렇게 인생은 작품처럼 완성된다.

이때 남들의 소리와 기대에 흔들리지 않고, 진정으로 내가 하고 싶은 일을 찾기 위해 노력해가는 것이 중요하다. 자신의 길을 잃었다고 생각할지라도 자신을 믿고 앞으로 더 나아가야 한다. 힘들지만 높은 목표를 향해 나아가는 도중에 나 자신을 발견하고, 의미 있는 삶을 살아갈 수 있다. 결국 우리가 진정으로 원하는 길이, 가장 바람직한 길이 아닐까?

전 세계에 막강한 영향력을 끼치는 오프라 윈프리(Oprah Gail Winfrey). 그녀는 토크쇼를 진행하며 자기계발, 가정 문제, 인권, 정치 등 다양한 주제를 다루며 수많은 사람에게 영감을 주었다. 그녀의 화려한 성공 이면에는 어두운 어린 시절이 있었다. 윈프리가 어린 시절에 겪은 가정 내 폭력은 감히 상상할 수가 없을 정도다. 아버지와의 관계가 좋지 않았고, 아홉 살 때부터 집을 드나드는 사촌오빠, 삼촌으로부터 성적 학대를 당했다. 그녀는 견디다 못해 집 밖을 나돌게 되면서 원치 않는 임신과 낙태까지 하게 되었다.

하지만 그녀는 지지 않았다. 강인한 의지를 발휘해서 자신의 꿈을 이루기 위해 끊임없이 노력했다. 자신의 상처를 통해 배우고, 성장하기 위해 노력했다. 방송 활동을 통해 수많은 사람에게 희망과 용기를 주고자 했다. 자신의 이야기를 통해 다른 사람들이 자신의 어려움을 극복하고, 삶을 바꿀 수 있도록 도왔다. 많은 시청자의 영혼을 울리는 그녀의 토크쇼는 결국 미국 타임스지가 선정한 역대 최고의 TV쇼로 선정되었다.

번뇌즉보리(煩惱卽菩提)라는 말이 있다. 어려움과 고통을 겪는 것은 깨달음을 얻는 좋은 기회가 될 수 있다는 말이다. 오프라 윈프리도 자신의 어려움을 성장의 토대로 삼았다. 그리고 상처가 가득했던 환경을 자신의 사명으로 전환해 전 세계에 많은 영향력을 끼치는 삶을 살고 있다.

아무 일도 없는 것이 인생을 행복하게 해주는 것은 아니다. 인생은 어려움으로 가득 차 있다. 하지만 이러한 환경 속에서도 자신에게 지지 않고 견딜 수 있는 사람은 언젠가 반드시 자신의 꽃을 피울 수 있다. 행복은 인내라는 대지 위에 피는 꽃인 것이다.

방황의 시작은 언제나 우리에게 도전과 기회를 안겨준다. 힘들더라도 망설이지 말고 앞으로 나아가야 한다. 지금은 안갯속에서 헤매고 있을지라도 우리 삶 속에 숨겨진 잠재력을 발견하고 이를 실현해 나가는 기회로 받아들였으면 한다. 이를 통해 우리는 더 나은 사람이 되고, 진정한 삶의 의미를 찾게 되기도 한다.

세상의 변화 속도는 지금까지 역사상 전례 없이 빠르게 가속화되고 있다. 디지털 기술의 발전과 인공지능, 로봇 공학 등의 기술 혁신은 산업, 경제, 사회의 변화를 가속화하고 있다. 사회의 가치관, 문화적 트렌드와 같이 전 영역에 걸쳐 파급효과가 상당하다.

세상 자체가 극심한 변화에 흔들리기 때문에, 어찌 보면 내가 흔들리는 것은 지극히 정상이며 당연한 일이라고 할 수 있다. 흔들리는 것은 괜찮다. 침몰하거나 부서지지만 않으면 된다. 이때 우리가 늘 간직하고 명심해야 할 부분이 있다. 바로 인생의 중심이다. 그 중심을 우리는 좌우명, 본인의 철학 또는 방향이라고도 이야기한다. 흔들리고 길을 벗어나도 나를 지탱해줄 생각의 뿌리와 방향이 있다면 다시 제자리로 돌아올 수 있다. 그 인생의 중심은 젊은 청춘 시절에 만들어야 한다.

그러니 지금의 청춘, 방황해도 충분히 괜찮아.

2장

토익점수보다
꿈에
미쳐라

01

청춘,
머뭇거리기에는 너무 짧다

회사에서 바쁘게 지내다 보니 어느덧 내 밑으로 많은 친구가 입사했다. 나름 스스로는 젊은 친구들과 소통을 잘하고 있다고 자부하고 있지만, 곧 현실을 자각할 때가 많다. 대화를 나눌 때 후배들이 말을 아끼는 것이 느껴졌기 때문이다. 그들과 보이지 않는 벽이 있다는 생각에 새삼 나를 되돌아보게 되었다. 젊은 친구들에게는 내가 처음부터 어려웠을 수도 있다. 40대라는 나이가 주는 무게감, 내 마음은 아직도 20대 청춘인데도 말이다.

회사에서는 매월 일정한 루틴이 있다. 다람쥐 쳇바퀴 돌듯이 매월 정신없이 마감을 쳐내다 보면, 순식간에 한 달이 지나가고 한 해가 지나간다. 해가 바뀔 때마다 나이는 숫자에 불과하다고 스스로 위로하며 버티지만, 세월의 속도에 무상함을 느낀다. 그리고 오지 않을 것 같았던, 어릴 때 말이 잘 안 통하는 아저씨라 생각했던 그 나이를 내가 맞이했다.

나는 이렇게 빠르게 지나가는 무상한 인생의 속도에서 뭐라도 움켜잡고 싶었다. 나만의 뭔가를 만들지 않으면 안 된다는 생각이 스쳐 지나갔다. 흘러가는 이 시간을 의미 없이 흘려보내는 것이 아닌, 내가 이 세상에 태어난 목적과 사명을 찾아야 한다는 생각이 마흔이 넘어 부쩍 들었다.

나는 펜을 들었다. 어릴 때부터 막연하게만 간직했던 세상에 나의 목소리를 전하겠다는 다짐을 더 이상 미룰 수 없었다. 글을 쓰게 되면서 나는 깊은 내면의 목소리를 더욱 자세히 듣게 되었다.

나의 인생은 나를 극복해온 과정이었다. 유년 시절 경제적으로 매우 힘든 환경에서 성장했다. 그래도 불평보다는 긍정적인 마음으로 그 시간을 인내했다. 오히려 그러한 환경에서 훌륭히 성장한다면, 사람들에게 희망의 증거가 될 수 있겠다는 생각이 들었다.

어려운 환경에서 치열하게 살았기 때문일까? 나는 대학생 때부터, 힘들어하는 후배들에게 다가가 진심으로 격려를 해가며 용기를 주는 과정에서 충만감을 느꼈다.

마흔이 넘어 인생을 되돌아보니, 나와의 만남을 통해 행복한 미소를 짓는 사람들을 볼 때 나의 생명도 함께 약동하는 것을 느꼈다. 그때부터 모두의 가슴속에 소중한 보물이 있다는 것을 일깨워주는 것이 나의 사명이라고 자각하게 되었다. 특히 무한한 가능성이 열려 있는 청춘들에게 깊숙이 다가갈 것을 다짐했다.

나는 평범한 재능을 가진 사람이라도 자기의 잠재력을 확인하고 그것을 개발하고 키우는 일에 부지런히 노력한다면 누구나 자신의 인생을 살아갈 수 있다고 확신한다. 특히 청춘의 시간은 그 어떤 인생의 시간대보다도 소중하다. 무엇이든 부딪혀 보고 도전할 수 있는 혈기 왕성한 에너지가 있다. 설사 결과가 나오지 않더라도 모든 것이 의미가 있다. 청춘의 실패는 절대 실패가 아니다. 거기에서 교훈을 얻고 지혜와 깨달음을 얻을 수 있기 때문이다. 그러한 시련 속에서 오히려 자신의 진가를 발견하기 좋은 법이니까.

영국의 시인, 윌리엄 블레이크(William Blake)는 말했다. "자신의 날갯짓만큼 더 높이 나는 새는 없다."

청춘 시절은 더 멀리, 더 높이 날아가기 위해 열심히 날갯짓이 필요한 시기다. 인생의 기초를 닦는 때인 만큼, 깊이 있는 공부가 필요하다. 이를 통해 사물을 바라보는 눈, 사건을 해석하는 자신만의 관점 등을 만들어갈 수 있다. 이 시기에 얼마만큼 진지하게 배우는가에 따라 삶의 깊이가 달라진다. 내면의 깊이와 함께, 사회에서의 체험이 더해진다면 자신만의 인사이트(Insight)를 가지게 되는 것이다.

하지만 이 시기에 배움을 놓친다면 흔히 이야기하는 인생에 기회가 왔을 때, 그 기회를 놓치기 쉽다. 현실을 깨닫고 뒤늦게 공부하려면 청춘 시절보다 배로 힘이 든다. 학업에 대한 기초를 쌓기도 어렵지만, 나이를 먹을수록 책임져야 할 일들이 많아지기 때문이다.

청춘 시절의 중요성을 간과하고 시간을 낭비해서 얼마나 많은 사람이 후회하고 있는지, 주변에도 쉽게 찾아볼 수 있다. 절실한 마음으로 청춘의 시기를 도전해야 한다.

그러나 세상은 온전히 날갯짓만 하고 있도록 가만히 놓아두질 않는다. 자극적이고 달콤한 유혹들이 사방에 널려 있다. 게임, 이성, 클럽, 음주 등 사방에 자극적인 요소들이 넘쳐나고, 이러한 여러 가지 유혹들은 중독성이 짙다. 처음에는 대부분 기분 전환을 위해 가볍게 시작하지만, 유혹의 그물망은 그렇게 허술하지 않다. 특히 요즘과 같이 취업난 등으로 좌절감이 큰 청년들에게 이러한 유혹들은 어려움을 회피하는 하나의 탈출구가 된다. 현실을 잠시나마 잊게 하기에 계속 찾게 되고 점점 빠져드는 강도도 강해진다. 하지만 본격적으로 중독되기 시작하면 젊음은 물론이고 건강과 인생까지 송두리째 잃게 된다. 나아가 가족 전체를 불행하게 만든다. 정신을 차렸을 때는 이미 수많은 세월이 흐른 뒤다.

어떤 중독이든 처음에는 심각하지 않다. 하지만 거대한 댐도 미세한 균열로 붕괴가 시작된다. 거대한 태풍도 한 줄기 바람에서 시작된다. 별것 아니라고 방심하지 말고 자신의 삶을 계속해서 점검하는 자세가 필요하다. 사소하지만 습관적으로 스마트폰을 꺼내어 시간을 낭비하고는 있진 않은지 점검해보자. 그것이 삶을 무너뜨리는 한 줄기 바람이 될 수도 있으니까.

주변의 청춘들이 의미 없이 그저 시간을 흘려보내는 것을 볼 때마다 안타까운 마음이 들기도 한다. 어쩌면 세상을 바꿀 수도 있는 한 사람의 무한한 잠재력을 잃어버린다는 생각 때문이다. 그들의 일상을 보면 매사 미루는 습관이 있다. 일을 성취하려는 노력을 끝까지 하지 않고, 조금만 복잡하거나 까다로우면 쉽게 좌절함으로써 목표를 포기한다. 자신의 게으름을 여러 가지 변명으로 포장할 뿐이다.

그러한 태도로 일관하다 보면 결국 자신의 가치가 기준이 아닌, 남들이 만들어놓은 기준에 따라 살아갈 수밖에 없다. 시간이 지날수록 '이게 내가 원했던 인생은 아닌데'라는 생각이 든다. 나이를 먹을수록 도전에 대한 실패의 부담감도 매우 커진다. 결국 아무것도 하지 못하고, 인생을 바꿀 수 없다는 무력감으로 신세 한탄만 이어지며 남은 생을 보내게 되는 것이다.

확실히 자기의 껍질을 부수면서 자기의 보물을 찾아가는 과정은 힘든 일이다. 하지만 그러한 자신을 극복해가는 과정에서 내면의 힘을 발견할 수 있다. 자신의 태만한 마음가짐을 적극적으로 떨쳐내야 한다. 귀찮거나 어렵다고 생각되는 일이라도 용기를 내어 반드시 이루고 말겠다는 각오와 마음가짐을 가져야 한다. 그러한 태도가 자신의 습관이 되어 결국 인생의 향방을 결정하게 된다.

젊음은 한순간이다. 인생 선배에게 들은 것보다 훨씬 더 짧다고 느끼는 요즘이다. 지금 앞이 깜깜한 암흑 속이라도 현재 주어진 일에 최선을 다해 앞으로 나아갔으면 한다.

'청춘'이란 단어에는 '봄'이라는 의미가 있다. 봄은 씨를 뿌리는 시기이지, 거두는 시기가 아니다. 자기가 노력한 만큼 결과가 나오지 않아도 결코 자신을 비하하지 말아야 한다. 그 씨앗이 언젠가는 열매를 맺는다. 우리가 지금 할 수 있는 것은 씨앗에 매일매일 물을 주고 햇볕을 쬐어주는 것이다. 지금 당장 싹이 안 자란다고 물 주는 것을 멈춘다면 영원히 열매를 맺을 수 없다.

독수리를 공격할 수 있는 유일한 새는 까마귀라 한다. 하지만 까마귀가 독수리 등에 앉아 목을 물어도 독수리는 개의치 않는다. 대신 날개를 펴고 하늘 높이 날아오르기 시작한다. 계속해서 날아오른다. 고도가 높아질수록 까마귀는 숨쉬기 어려워지고 산소 부족으로 추락하고 만다.

여기에 시사점이 있다. 까마귀와 같이 자신의 집중력을 해치는 것에 시간을 낭비하지 않는 것이다. 시간을 아껴 오직 본질에 집중해야만 한다. 불필요한 것들은 과감히 버릴 줄 알아야 한다. 이는 단순히 물리적인 것들만을 의미하는 것이 아니라, 정신적인 부담이나 불필요한 인간관계, 의미 없는 활동 등을 포함한다. 이러한 것들을 정리함으로써 우리는 우리의 에너지와 시간을 본질적인 것에 집중할 수 있게 된다.

자기의 내면에 간직한 보물을 끄집어내어 이 세상에 태어난 사명을 찾는 것, 그러한 사명감을 가지고 인생을 충만하고 풍요롭게 살아가는 것.

이것이 행복한 인생을 살아가기 위한 본질적인 것이 아닐까?

청춘이여, 높이 높이 날아올라라.

02
언젠가 반드시 죽는다는 것을
기억하라

"○○대학병원 의사입니다. 황○○씨, 아드님이신가요?"

"네, 그렇습니다."

"지금부터 하는 이야기, 잘 듣고 결정해주세요. 금일 오전 아버님 께서 응급차로 실려 오셨어요. 의식이 없는 채로 오셨고, CT를 찍 어보니 뇌출혈입니다. 뇌사가 진행되고 있고, 수술을 당장 하더라도 소생할 확률이 굉장히 낮습니다. 설사 깨어난다 해도 평생 식물인간 으로 계셔야 합니다. 어떻게 하시겠습니까?"

회사에 출근하자마자 청천벽력 같은 전화였다. 언젠가는 한번은 겪어야 할 일이지만 그 순간이 생각보다 훨씬 빨리 찾아온 것이다.

사실 나는 그동안 아버지에 대한 원망이 가득했었다. 인정이 넘치 는 아버지셨지만, 술을 너무 좋아하셔서 어머니를 힘들게 하는 모습 을 어릴 때부터 봐왔기 때문이다. 한창 아버지가 필요할 때 나는 혼자 이겨냈어야 했다. 따뜻한 아버지가 있는 다른 가정들이 항상 부러웠다. 그런 아버지가 생사의 갈림길에 있었다.

응급실에 달려가니 아버지는 산소호흡기로 겨우 숨을 유지하고 계셨다. 생의 마지막 순간이라는 생각이 들었다. 누워있는 아버지 귓속에 대고 말씀드렸다.

"아버지 덕분에 제가 이까지 올 수 있었습니다. 힘든 역할을 해주시느라 너무 애쓰셨습니다. 아버지 감사합니다."

"그리고 사랑합니다."

마지막까지 우리의 귀는 열려 있다고 한다. 의식이 없는 아버지의 눈에 눈물이 차올랐다. 아버지는 모두 듣고 있다는 것을 확신했다. 이후 아버지가 그토록 좋아하는 손녀들의 목소리도 들려주었다. 통화가 끝나자마자 아버지는 숨을 거두셨다.
그렇게 아버지는 향년 67세, 세상을 떠나셨다.

입관식 날, 마지막으로 아버지를 뵐 수 있었다. 시커멓고 차갑게 굳은 아버지의 몸과 얼굴, 참았던 눈물이 쏟아졌다. 아버지에 대한 원망이 가득했던 지난 나날이었지만, 죽음 앞에서는 그러한 마음들이 사소한 투정 같았다.

얼마 전까지만 해도 손녀들 모습을 보며 행복해하셨던 모습이 생생한데, 차가운 영안실에 누워있는 모습을 보면서 우리 삶이 찰나처럼 느껴졌다.

언젠가는 우리 모두 죽음의 순간을 맞이한다. 하지만 죽음이라는 무거운 주제에 대해서 사람들은 깊이 생각하지 않으려 한다. 자신과는 무관하다고 치부해버리기도 한다. 영원히 살 것처럼 현재를 낭비하면서, 다투기도 하고 감정을 소모하며 인생을 살아간다. 그러다 죽음의 문턱에서야 자신의 삶을 살지 못했다는 회한, 소중한 사람들에게 조금 더 잘해주지 못한 것에 대한 후회들이 밀려온다. 삶의 끝에서야 깨닫게 되는 것이다.

우리는 인생을 제대로 살아가기 위해서 반드시 죽음을 제대로 공부해야 한다. 우리 모두에게도 현실로 다가올 일이기 때문이다. 죽음을 제대로 공부하고 직시하게 되면 우리에게 주어진 시간이 영원하지 않다는 것을 깨닫게 된다. 그리고 그 한정적인 시간도 사실은 얼마만큼 남아 있는지 알 수 없다는 사실도 마주하게 된다. 결국 남은 시간 동안 얼마나 더 잘 살아갈지에 대해서 깊이 있고 근본적으로 생각하게 된다. 유한함을 깨닫는 순간 행동이 바뀌는 것이다.

나는 아버지의 죽음을 통해서 내게 주어진 시간도 절대 무한하지 않다는 것을 다시 한번 상기하게 되었다. 그리고 임종의 순간에 후회를 남기지 않기 위해서 남들의 인생이 아닌, 나의 인생을 살아야 겠다고 다짐하게 되었다.

화장터에서 아버지 화장을 모니터로 지켜보며 대기하고 있을 때였다. 갑자기 저 멀리서 크게 오열하는 소리가 들렸다. 다가가 영정사진을 보는 순간, 나도 모르게 별안간 눈물이 쏟아졌다. 놀이동산에서 찍은 장난기 가득한 얼굴, 얼핏 봐도 여덟 살 정도 되어 보이는 해맑은 남자아이 사진이었다. 아이 부모는 영정사진을 어루만지며 그리움이 가득한 슬픔을 토해내고 있었다. 나도 아이를 키우고 있는 처지에서, 부모의 찢어지는 마음이 고스란히 느껴졌다.

약 90분의 아버지 화장 시간 동안 사연이 있어 보이는 여러 가족을 지켜봤다. 죽음을 받아들이는 가족들의 모습은 모두 제각각이었다. 나는 생사에 대해서 많은 생각에 젖게 되었다.
이렇게 우리는 끝을 향해 달려가고 있는데, 과연 무엇을 위해 살아가는 것일까. 우리는 무엇을 그렇게 움켜쥐며 살아가고 있단 말인가. 우리가 세상에 태어난 목적은 무엇인가. 나의 사명은 무엇일까.

아버지 유해를 평소의 유언에 따라 바다에 뿌려드렸다. 거구이셨던 아버지가 한 줌의 재가 되었다. 바다의 윤슬이 유난히 반짝반짝 빛이 났다. 아버지의 나지막한 목소리가 마음속에 계속 울렸다.

'아들아, 고맙다. 아빠는 이제 편안하다. 엄마 잘 지켜줘. 아들아, 고맙다.'

나는 죽음을 통해 육신을 벗어난 영혼은 원래의 고향인 대우주의 생명에 명복이 된다고 믿고 있다. 그리고 인연이 되면 생을 부여받아 다시 태어날 것이다. 아직 과학적으로 밝혀지진 않았지만 언젠가는 인류가 생사의 비밀을 풀 수 있을 것이라 확신한다.

아버지 사후, 나는 생사를 깊이 있게 사색하면서 내가 이 세상에 태어난 이유와 사명에 대해서 깊이 있게 생각해볼 수 있었다.

죽음에 대해서 깊이 있게 사색할수록 오히려 어떻게 이 삶을 살아야 할지 명확한 길이 보이기 시작했다. 지금까지 모든 어려움과 고난들이 자신의 사명을 펼치기 위한, 고차원적인 세계의 계획이었을 수도 있다. 내가 앞으로 펼쳐가야 할 길들도 함께 찾게 되었다.

나의 아내는 미국에서 직장생활을 할 때, 죽음까지 갈 뻔한 교통사고를 당했다. 신호위반을 하며 무섭게 달려오는 차가 아내가 몰던 차를 덮쳐버린 것이다. 차는 충돌과 동시에 낭떠러지로 이어지는 반대편으로 튕기면서 아내는 '이렇게 죽는구나' 생각했다고 한다. 하지만 기적처럼 도로 나무 사이에 차가 그대로 끼게 되면서 목숨을 건질 수 있었다.

아내는 대형 교통사고 이후로 인생관이 바뀌게 되었다. '언젠가는 행복한 날이 오겠지'라는 소망으로 하루하루를 버티는 것이 아닌,

지금 이 순간을 소중히 하는 방법을 배웠다고 한다. 언제든지 우리는 죽을 수 있다고 생각하고 있는 아내는 자신의 의지대로, 남이 인생이 아닌 삶을 살기 위해 누구보다 현재를 충실히 살아가고 있다. 주변에 많은 선한 영향력을 끼치며 자신의 길을 걷고 있다.

아내와 나는 우리가 맞이할 임종의 순간을 이따금 이야기하기도 한다. 그 순간이 온다면, 항상 함께한 우리가 서로의 빈자리를 그리워하며 무척 슬플 것이다.

하지만 슬픔으로만 채우는 것이 아닌, 또 다른 생을 향해 나아가는 축하하는 순간이었으면 좋겠다고 말한다. 남아 있는 소중한 가족과 후배들에게는, 인생의 본보기가 되었던 멋진 사람이었다고 추억될 수 있는. 장례식장에서는 서로가 가장 생전에 좋아했던 음악을 틀어주며 즐겁게 다음 생(生)을 향해 여행을 떠날 수 있도록 하면서 말이다.

진심을 다해
공부하라

중학교 시절, 많은 수업은 선생님이 칠판에 판서한 내용을 그대로 공책에 필기하는 것으로 채워졌다. 어떤 선생님은 칠판에 판서도 귀찮아서 참고서 내용을 그대로 불러주고 공책에 옮겨적게 했다. 학년이 올라갈수록 수업은 입시를 위한 문제 풀이에만 집중되면서 나는 학교 공부 그 자체에 대해서 재미를 전혀 느낄 수가 없었다. 이러한 교육 현실이 갑갑했고, 아까운 청춘의 시간만 낭비한다는 생각이 들었다.

그동안 우리 교육은 지식을 일방적으로 주입하는 것에 집중했다. 그러다 보니 대부분 공부에 대한 어떠한 즐거움도 느끼지 못하고 학교를 졸업하면 대부분 책에서 손을 놓게 된다. 주입식 교육의 폐해가 고스란히 인생에 큰 영향을 미치는 것이다.

우리가 공부에 대한 의무감에 짓눌려 잘 알지 못했지만, 사실 공부에는 나 자신을 긍정하고 인생을 소중히 여기도록 해주는 힘이 있다. 공부는 각자의 내면에 나무를 한 그루 심는 것과도 같다. 어떤 분야의 지식과 세계관을 공부하면 내면에 특정 나무가 옮겨 심어진다. 다양한 공부를 통해 다양한 나무들이 자라는 생명력 넘치는 생태계가 형성되면, 웬만한 인생의 풍파에도 쉽게 꺾이지 않는다. 공부는 우리의 지식 체계를 풍성하게 하고 생각하는 방법을 길러주며, 어떤 인생의 어려움에 대해서도 스스로 헤쳐갈 수 있도록 지혜를 주기 때문이다. 꾸준히 공부하는 사람은 모든 상황을 자신의 이야기로 바꿀 수 있는 힘이 있다.

나는 처음 대학교에 들어와서 혼란스러웠다. 사회가 돌아가는 시스템에 관심이 많아 경제학 전공을 선택했지만, 교수님들은 두꺼운 전공교재의 진도 빼기에만 초점이 맞추어져 있었다. 중고등학교 때보다 자유는 주어졌지만 크게 다를 바 없었다. 대학 공부마저 학점만 잘 받기 위해 겉핥기식 공부를 하는 현실이 갑갑했다. 스스로 동기부여가 되지 않아 전공에 대한 흥미를 잃어버리고 방황했다.

그렇게 군대를 지원했고 나는 서울 의경으로 근무하면서 수많은 시위를 접하게 되었다. 교과서 밖의 현실은 그야말로 전쟁터였다. 여러 이해관계를 가진 사람들이 서로를 미워하고 음해하며 편을 가르는 행동을 생생하게 목격하게 되었다. 참으로 다양한 시위의 현장에서 사회의 이면을 제대로 바라볼 수 있었다. 때로는 처절하게 시위하는 사람들의 편에 서서, 때로는 정부의 시각에서 고민해보기도 했다. 물론 이렇게 잠도 자지 못하고 매일 선임 기수의 눈치 속에 긴장하며 살아야 하는 내 현실. 청춘들이 국방의 의무를 질 수밖에 없는 우리나라의 비참한 현실 또한 깊이 생각해볼 수 있었다.

촛불시위부터 화염병이 오가는 폭력시위까지 1년 365일 동안 시위를 경험했던 2년간의 군 생활은 내 인생의 전환점이 되었다.

군 제대 후, 사람이 살아가는 이 세상과 사회구조에 대해서 깊게 이해하고 싶었다. 이때 내 전공과목인 경제학에서도 많은 영감을 받을 수 있다는 사실도 알게 되었다. 내 꿈과 정렬이 되기 시작하면서 전공 공부는 무척 재미있어졌다. 단순히 학점만 잘 받기 위해서 공부하는 것이 아니었다. 많은 경제학 이론의 사상적 근원을 되짚어보면서 현실에서 정책으로 적용되고 있는 사례들도 확인하면서 재미를 느꼈다. 그렇게 점수가 공부의 목표가 아닌, 진심으로 공부 그 자체를 목표로 하게 되면서 학문에 대한 깊은 즐거움에 빠지게 되었다.

점점 공부가 깊어질수록 사회를 바라보는 나만의 눈을 가지게 되었고 사물의 이면에 있는 본질에 대해서도 깊이 있게 생각할 수 있게 되었다. 공부하면서도 나 자신이 성장한다는 느낌이 강하게 들었다. 학점은 자연스레 따라오며, 성적 장학금을 받기 시작했다.

오츠 슈이치(大津秀一)의 저서 《죽을 때 후회하는 스물다섯 가지》에서는 죽음을 앞둔 환자들의 인터뷰 내용을 소개하고 있다. 환자들이 삶의 마지막을 앞두고 가장 후회되는 것은 사랑하는 사람에게 고맙다는 말을 많이 하지 못한 것 그리고 자신이 진짜 하고 싶은 일을 하지 못했던 것이라 한다.

다들 한번쯤 어디선가 들어봤지만 실제로 알면서도 우리는 그러한 삶을 살지 못하고 있다. 그것은 '내가 지금 하는 일이 나에게 어떤 의미인가?' '나는 어떤 일을 할 때 진정으로 기쁜가?'와 같은 인생과 행복에 대한 근본적인 질문을 던져본 적이 없기 때문이다. 하지만 인생에서 큰 병을 앓거나 죽음 앞에 서면 그때야 비로소 익숙했던 인생과 일상이 낯설게 보이기 시작한다. 낯설게 삶을 바라보는 순간, 인생의 의미를 묻는 굵직한 질문을 자신에게 던지게 되고 그 질문을 통해 자신의 삶을 돌아볼 수 있다.

반복되는 일상에서 내가 진정으로 원하는 삶은 무엇인지, 후회 없이 살고 싶다면 어떻게 해야 할지를 끊임없이 묻는다는 것이 사실 쉽지만은 않다. 어떻게 해야 우리 삶을 낯설게 바라볼 수 있을까?

이 질문에 대한 답이 바로 '공부'라고 할 수 있다. 공부는 당연한 것에 질문을 던져 낯설게 보는 것이다. 눈에 보이는 현상을 그대로 받아들이는 것이 아니라 지금 내가 보는 시각에 문제가 없는지, 나는 왜 그렇게 생각했는지, 이면에 숨겨져 있는 것은 없는지 등을 따져보는 것이 공부의 본질이다.

취업을 위한 토익 공부, 업무와 관련된 자격증 공부를 벗어나 다양한 학문을 접해봐야 한다. 문학, 역사, 철학, 심리학 등에는 인류의 고민과 지혜가 녹아 있다. 이 공부들은 우리의 지식 체계를 풍요롭게 해주고 생각하는 방법을 길러주며 더 나아가서는 인생을 어떻게 살아갈 것인지까지 고민할 수 있도록 이끌어준다.

토익 공부, 자격증 취득도 공부라고 할 수 있지만, 그러한 공부들은 일정 목표를 달성하면 끝이 난다. 이러한 공부들은 한계가 있다. 자기 발전을 위해 노력하고 있다는 일시적인 만족감과 남들에게 보여줄 수 있는 성과는 줄 수 있지만, 궁극적으로 생각의 힘을 키워주고 세상을 꿰뚫어볼 수 있는 나만의 안목을 갖게 하는 데는 크게 도움이 되질 않는다.

다양한 나무를 심은 사람은 내면에 건강하고 생명력 넘치는 생태계가 형성되어 있다. 다양한 나무가 자란 숲을 키운 사람은 자신과 다른 생각도 진지하게 듣고 자신을 더욱 확대하고 심화시키기 위한 공부로 받아들일 수 있다.

반면 같은 종류의 나무만 잔뜩 심어놓은 사람들은 예상치 못한 변화가 왔을 때 숲이 한 번에 말라 죽어버릴 수도 있다. 세계관이 하나인 사람은 세상을 하나의 방향으로만 이해하기에 우물 안 개구리가 되어 도태되기 쉽다. 현대사회는 너무도 복잡하고 분절화되어 있기에 전체를 읽어내는 눈이 없다면 세상을 자신의 관점으로만 바라보고 판단해 오류를 저지르게 된다.

청춘의 시기에 얼마만큼 공부하며 세상에 부딪혀가는가에 따라 인생이 깊이와 방향이 달라진다. 이 시기에 배운 통찰력과 지혜는 인생을 지탱해주는 자신의 큰 무기가 된다.

궁극적으로 공부는 '어떻게 살아야 하는가?'라는 질문에 답을 줄 수 있는 가장 훌륭한 도구다. 그동안 좋은 대학, 좋은 직장을 가기 위한 수단으로만 생각하면서 공부의 본질에 다가서지 못했을 뿐이다.

모든 것을 공부하는 자세로 일상에 질문을 던지고, 공부를 통해 얻은 새로운 자극을 나의 삶에 녹이는 '공부하는 삶'을 살게 되면 자연스럽게 '나는 어떻게 살 것인가?'라는 질문을 던지고 그 답을 찾아가는 자신을 발견하게 될 것이다.

그동안 사회생활을 하면서 많은 사람을 만나게 되었고, 꾸준히 공부하는 사람과 하지 않는 사람 두 부류로 나누어볼 수 있었다. 처음에는 두 그룹 간에 격차가 크지 않았다. 하지만 시간이 십여 년 정도 지나니 사회적 지위나 여러 척도 등에서 그 격차는 매우 벌어져 있었다. 공부를 즐겨하지 않는 사람들은 지난 과거의 영광에 머물러 현재를 충실히 살지 못하고 있었다. 변화하는 시대의 흐름을 읽어내지 못하고 남 탓만 하며, 후배들에게는 "나 때는 말이야"만 남발한 채 말이다.

반면 계속해서 끊임없이 공부하는 사람들은 경험이 더해져 그들만의 아우라가 넘쳐났다. 항상 겸손하고 친절했고 표정에는 여유와 자신감이 있었다.

평생 공부를 하다 보면 오랜 시간 공부가 내 안에 쌓여서 누군가가 쉽게 흉내 낼 수 없는 나만의 지식 세계, 나만의 아우라가 생긴다고 한다.

짧은 생을 사는 우리가 이 세상에 흔적을 남기기 위해서는, 각자만의 아우라를 만들어야 하지 않을까.

당장의 돈보다
미래의 가치를 생각하라

쿠바의 혁명가, 체 게바라(Ernesto Guevara de la Serna)는 다음과 같이 말했다.

"청춘은 여행이다. 찢어진 주머니에 두 손을 내리꽂은 채 그저 길을 떠나도 좋은 것이다."

지난 과거에 대해서 유일하게 후회되는 한 가지가 있다. 바로 대학 시절, 혼자 해외여행을 하지 못한 것이다. 직장인이 되면 여행을 떠나기 위해서 낼 수 있는 시간은 1주일, 길어야 2주일이다. 그것도 상사나 동료들의 눈치를 보면서 말이다. 대학생 때는 마음만 먹으면 방학 기간에 한 달도 넘게 여행할 수가 있다. 그 당시는 모든 것이 어렵게만 느껴졌다. 집안 형편이 좋지 않아 어머니가 경제적으로 힘들어하시는 모습을 많이 봐왔다. 집에 손을 빌리기가 싫어 과외로 용돈을 벌었고, 해외여행은 나에게는 일종의 사치 같았다. 어학연수로 해외에 나가는 친구들을 보면서 부러웠지만 나와는 거리가 먼 이야기라 생각했다. 나중에 취업해서 돈을 벌어 가자는 생각으로 여행은 꿈도 꾸지 못했다.

오랜 시간이 지나 결혼 후, 아내가 혼자 유럽여행을 가볼 것을 추천했다. 혼자서는 한 번도 해외여행을 해보지 않아 약간 불안했지만 어떻게든 도전해보고 싶었다. 그렇게 유럽에 도착해 여행하는 동안 나는 곳곳에서 한국의 젊은 대학생들을 만날 수 있었다. 게스트하우스에서 만난 대학교를 갓 졸업한 한 남학생은, 아르바이트를 통해 경비를 모아 매년 여행한다고 했다.

그때서야 나는 여행은 비용이 문제가 아니라 계획과 열정만 있으면 충분히 가능한 일임을 깨닫게 되었다. 환경을 탓하며 해외여행을 가지 못하는 이유를 당연시했던 나의 태도가 무척 부끄러웠다.

혼자 여행하는 동안 나는 여행 고수들이 왜 혼자 떠나는지 그 기분을 조금이나마 알 수 있었다. 여기저기 걷고 또 걸으면서 내가 걸어온 인생에 대해서 생각할 수 있는 소중한 시간을 가질 수 있었다. 내가 진정으로 하고 싶은 것은 무엇인지, 어떤 삶을 살고 싶은지, 어떨 때 가장 행복한지 끊임없이 나 자신에게 질문을 던질 수 있었다. 마음에 드는 장소가 있으면 벤치에 앉아 풍경을 즐기며 생각을 정리했다. 일행이 없기에 눈치를 보지 않고 내 마음대로 할 수 있다는 것이 혼자 여행의 가장 큰 장점이었다.

낯선 곳에서 혼자 여행하다 보니, 외국어를 구사하는 용기도 생겼다. 벤치에 앉아 있는 할아버지에게 먼저 인사를 건네면서, 자연스레 여행정보를 얻었다. 한류로 인해 위상이 높아진 우리나라도 궁금해 해서 막 대화하다 보니 1시간을 넘겼다. 시계를 보고 나서 나 스스로 놀라게 되었다. 문법은 틀렸을 수도 있지만 내가 먼저 말을 걸고 낯선 외국인들과도 마음을 터놓고 대화를 나눌 수 있었다는 사실이 나에게 굉장한 자신감을 주었다.

나는 깨닫게 되었다. 나는 그동안 매우 좁은 세계에 갇혀 있었다는 것을. 세계는 매우 넓었다. 그리고 언어와 피부색만 다를 뿐이지, 외국인들도 똑같은 감정을 지닌 사람이라는 것을 알게 되었다. 국적과 종교가 다르다고 배척하면서 전쟁까지 서슴지 않는 것은 자기만 옳고 남은 틀렸다는, 아직도 인류가 어린아이와 같은 미성숙함을 가지고 있기 때문이리라.

돈 때문에 해외여행을 미루고 있다면 부디 한 살이라도 젊을 때 어떻게 해서든 경비를 마련해 여행을 떠났으면 한다. 젊을 때의 여행과 나이를 먹어서 떠나는 여행은 질 자체가 다르다. 여행을 통해 풍성해진 세계관은 자신의 꿈과 진로를 찾는 데 나침반이 되어줄 수도 있다. 자신의 공부를 꿈과 연결할 수 있어 더욱 깊은 공부를 가능하게 한다. 자연스레 목표하는 좋은 결과도 따라올 수 있다.

《진짜 부자들의 돈 쓰는 방법》에서 저자 사토 도미오(佐藤富雄)는 자신의 꿈을 위해 욕망하면서 계속해서 자신의 꿈에 투자하라고 이야기한다. 욕망이 있고 꿈이 있으면 그에 어울리는 사람이 되어 결국 돈을 손에 넣게 되는데, 이것이 부자가 되기 위한 가장 중요한 요소라고 역설한다. 부자가 된 뒤 고급 승용차를 가질 수 있는 것이 아니라 고급 승용차를 가지고 싶은 욕망이 있기에 그것을 살 수 있는 부자가 될 수 있다는 것이다. 그리고 돈을 사용하며 감사한 마음을 가지면 더욱 돈이 자신에게 되돌아온다고 했다.

'미래의 자신이 그리고 싶은 꿈을 매일매일 욕망할 수 있는가?' 이것이 꿈을 이루는 가장 중요한 열쇠라고 할 수 있다. 그러한 욕망을 가지기 위해서는 우선 많은 것을 체험해봐야 한다. 많이 체험해봐야 꿈도 꿀 수 있고 욕망할 수도 있는 것이다.

나는 젊은 친구들에게 여행을 가서 하루쯤은 근사한 5성급 호텔에서 숙박해볼 것을 추천하기도 한다. 이러한 고급스러운 체험도 해봐야 잠재의식에 새겨져 그에 어울리는 사람이 될 수 있다.

지금 당장 돈이 없다고 자신을 좁은 세계에 가두지 않았으면 한다. 마음만 있다면 어떻게든 경비는 마련할 수 있다. 우리의 마음이 있고 없고의 문제일 뿐이다.

한 벌쯤은 자기에게 어울리는 명품 옷을 사서 보이는 모습을 꾸밀 줄도 알아야 한다. 세상이 완전하지 않은 것처럼 인간 또한 미완성의 존재다. 완전하지 않기 때문에 우리는 외모를 보고 상대방을 무의식적으로 평가하게 된다. 그렇기에 평소 단정한 외모로 사람들에게 호감을 주는 것이 좋다. 타고난 외모가 있으면 더욱 유리하겠지만 그렇지 않더라도 자신의 스타일에 맞게 개성을 살려가는 것만으로도 충분하다.

외모를 가꾸는 것은 자기 자신을 사랑하고 자신에게 힘을 불어넣는 방법이다. 나도 사회생활을 이어나가면서 좋은 옷이 주는 힘을 알게 되었다. 좋은 재질의 옷과 브랜드의 옷들을 입으면 왠지 자신감도 생기고 기분도 좋아진다. 마음이 달라지니 업무의 결과물도 달라지며 좋은 사람들로 둘러싸이는 듯한 기분이 든다.

목적 없이 많은 돈을 쓰는 것은 낭비이지만 '원하는 것을 적극적으로 돈을 쓸 수 있는 자세'는 필요하다고 생각한다. 돈을 멋지게 사용하면, 돈을 멋지게 사용하려는 사람들이 모이게 되고, 대체로 이들은 자신을 설레게 하는 꿈을 좇는 사람들이다. 그러한 사람들과 인맥을 맺기 시작하면 부자가 되는 습관도 배울 수 있다.

결혼 후, 나와 아내는 자기계발을 위해서라면 아무리 비싼 수강료라 해도 아끼지 않는다. 비싼 만큼 값어치를 한다고 믿기 때문이다. 좋은 강의를 통해 깊이 있게 배울 수 있고 그만큼 더 가치 있는 시간을 벌 수 있다. 시간의 가치를 알고 배움을 더 빨리 배운다면 투자 비용의 10배, 100배 이상의 가치를 지니게 된다.

실제로 나와 아내는 각종 세미나를 참여하면서, 몇백억 원의 자산을 보유한 부자들과도 인연을 맺을 수 있었다. 그들은 돈에 대한 관념이 달랐다. 돈을 아끼면 부자가 될 수 없다는 것이 그들의 한결같은 대답이었다. 일반적인 사람들은 절약한 돈으로 재테크를 하며 노후 대비를 해야 한다고 대답한다. 하지만 그들은 돈을 아낄 생각보다 본인의 가치를 최대로 키워서 더 많은 돈을 버는 것이 중요하다고 했다. 월 300만 원을 버는 사람들은 아끼고 아껴서 200만 원을 저축한다. 하지만 월 1,000만 원을 버는 사람은 여유롭게 월 500만 원을 쓰고도 남은 500만 원을 저축하며 더 여유롭게 살아갈 수 있다. 이것이 그들의 기본적인 생각이었다.

부자들과의 만남이 이어지면서 나와 아내는 우리의 의식을 바꿀 수 있었다. 돈과 시간을 투자한 만큼 우리 부부의 의식 세계가 열림으로써 엄청난 기회가 찾아오고 있었다.

자신이 꿈꾸는 미래가 있다면, 그 미래를 위해 지금 원인이 되는 씨앗을 심어야 한다. 다채로운 삶과 미래를 꿈꾼다면 다양한 씨앗을 뿌리면 된다. 지금 현실의 통장 잔고를 확인하며 돈에 속박되는 삶이 아닌, 많은 것을 경험하고 직접 부딪혀 갔으면 한다.

씨앗이라는 가능성을 믿고 정성스레 물을 주면, 반드시 수십 배, 수백 배로 돌아올 테니까.

생생하게 미래를 그릴수록
꿈은 이루어진다

이 세상에는 두 가지의 법칙이 있다. 하나는 이 세상에서 일어나는 모든 일은 그 사람의 생각이 반영된 것이라는 사실이다. 즉, 그 사람의 생각이 현실화된 것이 그의 인생이라는 것이다. 또 다른 하나는 누구에게나 무한한 가능성이 주어진다는 법칙이다.

자기계발과 성공학의 대가, 미국의 얼 나이팅게일(Earl Nightingale)은 이렇게 말했다.

"사람은 자신이 생각한 그대로의 사람이 된다."

나와 아내는 같은 마음으로 청춘을 보내며 도전했다. 누구에게나 무한한 가능성이 있다는 사실을 각자의 인생에서 깨닫고 가능성을 최대로 열어가기 위해 노력하고 있었던 것이었다. 그래서 자연스레 서로를 알아보고 끌어당김의 법칙으로 이끌렸는지 모른다.

청춘 시절, 집은 가난했지만 내 마음만큼은 큰 우주와도 같았다.

아마 어린 시절 나에게 항상 용기와 격려를 아끼지 않으셨던 어머니의 영향이 컸으리라. 나는 무한한 가능성을 가지고 있다고 굳게 믿었다. 진흙 속에서 아름답게 꽃피는 연꽃처럼 내가 꿈을 이룬다면, 많은 사람에게 울림을 줄 수 있을 것이라 믿으면서.

그러한 긍정적인 마음가짐 덕분일까. 나는 내 인생을 적극적으로 설계하면서 미래에 꿈이 이루어진 나를 자주 상상하며 행복해했다. 어떠한 길을 걸어갈 것이며, 이 세상에 태어난 목적, 그리고 인생의 사명을 어떻게 찾고 걸어갈 수 있을까를 매일 같이 질문했다. 꿈을 함께 펼쳐갈 수 있는 든든한 동반자를 만나는 것도 나에게는 매우 중요한 과제였다. 함께 걸어갈 사람은 어떠한 사람이면 좋을지 구체적으로 나만의 노트에 적어나갔다.

명확한 인생 설계도라는 나침반 덕분인지 어려움과 고난이 찾아와도 쉽게 흔들리지 않았다. 오히려 그러한 시련들은 나의 인생 스토리를 풍부하게 만들어주는 양념과도 같은 생각이 들었다. 남들은 내가 매우 인내심이 강하다고 했지만, 내가 가고자 하는 방향이 명확했기 때문에, 인내하는 시간도 감사하게 받아들일 수 있었다.

인생 설계도는 계속해서 업데이트해갔다. 취업에 도전할 때는 동경했던 회사에 입사하는 것을 기정사실로 전제하고 설계도를 그려갔다. 회사 정년인 60세의 인생 모습을 스케치했다. 취업에 성공하기 전이었지만 나는 마음껏 미래를 상상하며 우주에 강렬한 신호를 보냈다. 사명의 길을 걸어가며 행복해하는 나의 미래 모습과 충만한 감정이 우주로 보내는 나의 신호였다. 그러한 강한 감정과 설계도에 우주가 반응했기 때문일까. 나는 수백 대 일의 경쟁률을 뚫고 한 명을 뽑는 공채에 최종 합격할 수 있었다. 그리고 항상 그려왔던, 꿈꾸던 배우자도 내 노트에 적은 조건이랑 한 치의 오차도 없이 그대로 만나게 되었다.

나와 아내는 우리 각자가 가진 무한한 가능성을 굳건히 믿으며 더 큰 꿈을 그려가고 있다. 우리는 각자의 비전을 더해 공동의 비전 보드를 새로이 만들었다. 틈날 때마다 보드에 있는 우리의 미래 모습을 보면서 꿈을 다지고 있다.

월리스 와틀스(Wallace D. Wattles)는 《부는 어디서 오는가》에서 이렇게 말했다.

"요청한 모든 것을 실제로 얻은 듯이 생각하고 행동하라. 실제로 그렇게 될 때까지 마치 그것들을 이룬 듯이 살아가라."

이 말은 상상이 현실이 된다는 믿음을 가지고, 실제로 이룬 듯이 살아가면 반드시 이루어진다는 이야기이리라.

나는 10년 안에 수천억 자산가가 되겠다는 꿈을 새로이 만들었다. 허무맹랑한 꿈 아니냐고 비아냥댈 수도 있겠다. 하지만 수천억 자산가가 되었다고 상상할 때마다 내 가슴은 쿵쾅거린다. 무한한 자신감이 생긴다. 사소한 문제에 일희일비하지 않게 된다. 또한 지금의 나에 대한 투자도 전혀 아깝지 않다. 삶의 관점이 백팔십도로 달라진 것이다.

나는 우리 인간의 상상력과 잠재의식의 힘을 굳게 믿는다. 사람마다 그 힘이 다른 것은, 자신에게 잠재된 무한한 능력을 믿느냐 안 믿느냐에 따른 차이이리라.

지속적인 성공을 일군 사람들의 사례를 살펴보면, 이들에게는 하나같이 명확한 인생 설계도와 자신에 대한 굳건한 믿음이 있었다. 이들은 모두 목표에 도달하기 위한 구체적인 계획을 세우고, 그것을 실현하기 위해 자신의 열정을 쏟아부었다.

빈민가 출신이었던 앤드루 카네기(Andrew Carnegie)는 제철소 노동자로 시작했다. 그는 자신의 환경에 굴복하지 않고 세계 최고의 품질을 지닌 철강을 생산해 판매하겠다는 명확한 인생의 목표를 세웠다. 그는 결국 품질 좋은 철강의 대량생산이 가능하게 했고 미국의 산업화와 인프라 구축에 크게 이바지했다. 억만장자가 된 카네기는 재산 대부분을 교육, 과학, 평화 증진을 위한 기금으로 기부했다.

스티브 잡스는 혁신적인 기술 제품을 세상에 선보이겠다는 자신만의 확고한 비전과 목표가 있었다. 비록 중도에 자신이 만든 회사 애플에서 퇴출당하는 어려움도 있었지만, 그는 굳건한 비전과 목표로 결국 아이폰, 아이패드 등의 혁신적인 제품을 연달아 세상에 선보였다. 그의 위대한 유산은 지금까지도 우리에게 영향을 미치고 있다.

우리가 원하는 소망을 현실로 만들기 위해서는 미래를 생생히 그려봐야 한다. 대부분은 자신이 하고 싶고, 갖고 싶고, 되고 싶은 것을 막연하게만 생각하기 때문에 소망이 잘 이루어지지 않는다.

우리가 친구에게 편지를 쓸 때, 글자를 순서대로 나열해 보내고는 친구에게 스스로 말을 만들어서 읽으라고 하지는 않는다. 조리 있고, 의미가 있는 문장으로 만들어서 보낼 것이다.

우리가 미래를 현실로 만들기 위해서는 꿈꾸는 미래를 명확한 문장으로 표현할 수 있어야 한다. 마음속에서 원하는 것을 떠올리고, 그것이 자기에게 왔을 때 어떤 모습이기를 바라는지 명확게 그려봐야 한다. 큰 배를 운항하는 항해사가 어디로 향할지 미리 정해두듯이, 우리도 항상 그 그림을 향해 있어야 한다. 조타수가 나침반을 계속 예의 주시하는 것처럼 그 그림을 계속 삶에서 놓치지 않아야 한다.

어릴 때부터 나는 우주과학을 좋아했다. 상상할 수 없을 만큼 광대한 우주의 크기, 그리고 지금도 팽창하고 있는 우주. 우주를 움직이는 그 원천적인 힘과 근원이 도대체 무엇인지 항상 궁금했다. 그러한 물질 우주에서 태어난 이 생명은 그 자체가 가히 불가사의하다는 생각이 들었다. 의식을 가지고 우주를 탐구하는 우리 인류에 대해서도 매우 경이롭다는 생각까지 들었다.

나는 과학적인 서적부터 해서 종교적인 서적까지 지적 갈증과 영혼의 목마름을 해소하기 위해 관련 서적들을 닥치는 대로 읽었다.

양자역학은 우리들의 무한한 가능성의 장을 과학적으로 해명하고 있었다. 양자역학은 입자의 최소 단위인 원자나 전자의 미시 세계에서 일어나는 현상을 다루는 물리학이다. 무엇보다도 양자역학의 위대한 발견은 마음의 힘이 현실 세계에 작용한다는 것을 과학적 시각으로 밝혀낸 데 있다. 이론의 핵심은 '우주는 양자로 가득 채워져 서로 연결되어 있고 시공간을 초월해 서로 반응한다'라는 것이다. 따라서 생각이나 마음에도 에너지가 있어 파동을 일으키고 그 파동은 우주를 구성하는 양자에 영향을 미쳐 현실화시킨다는 놀라운 사실이다. 어느 양자 물리학자에 따르면 '생각과 마음'이야말로 모든 것을 바꿀 수 있는 근원적인 힘이라고도 한다. 물리학의 세계관을 바꾼 이 이론은 생각과 마음의 불가사의하고도 무한한 힘을 과학의 논거로 추론했다.

양자 세계에서 일어나는 일이 거시 세계에 직접적인 영향을 미치는 사례는 열거할 수 없을 정도로 무수히 많다. 많은 임상시험에서 실제로 약물을 받은 그룹과 가짜 약을 받은 그룹의 비슷한 개선을 보고하는 결과가 많다. 가짜 약을 먹고도 통증이 완화되는 증세를 보이는 이유는 무엇일까. 그것은 오직 좋아질 거라는 믿음 때문이다. 이것은 우리의 생각과 마음이 믿는 대로 육체가 반응한다는 것을 보여주고 있다.

우리가 가진 생각의 힘은 파동이 되어 우리의 삶에 직접적으로 영향을 미치게 된다. 우리가 꿈꾸는 미래와 소망은, 굳건한 믿음이 있으면 반드시 현실로 나타나는 것이다. 간절한 마음은 우주로 뻗어

나가 파동을 만들고 그것을 현실로 만들어주기 위해 양자 에너지들이 모여든다. 그리고 소망은 반드시 이루어진다.

　그러므로 우리는 생생하게 미래를 꿈꾸고, 굳건히 자신을 믿어야 한다.

꿈을 현실로 만드는
간절함의 마법

"아기의 대뇌와 좌뇌를 연결하는 뇌량이 보이지 않네요. 지금 주수에 보여야 하는데, 태어나면 심각한 장애가 생깁니다. 대학병원에 연결해드릴 테니 정밀검사를 해보시고, 마음의 준비를 하셔야 할 것 같습니다."

하늘이 무너져 내리는 심정은 이런 것일까. 소중하게 얻은 둘째를 우주의 선물이라 생각하며 기다리고 있었는데, 청천벽력과도 같은 의사의 이야기에 나와 아내는 사색이 되었다. 아직 얼굴로 만나지는 못했지만 배 속의 아기는 우리 부부에게 너무나 소중했고 절실했다. 뜬눈으로 밤을 지새우며 다음 날 대학병원으로 달려갔다. 오랜 검사가 이어졌고 돌아온 대답은 '뇌량이 보이지 않는다'는 것이었다. 일주일을 줄 테니, 선택하라는 말을 듣고 병원 문을 나섰다.

숨을 쉬는 것도 힘들었다. 차라리 내가 불치병에 걸렸다고 해도 이보단 마음이 아프지 않을 것 같았다. 나와 아내는 아이를 꼭 건강한 모습으로 태어나게 하고 싶었다.

나는 절실한 심정으로 다른 대학병원에서 소아청소년과 의사로 근무하고 있는 선배한테 전화를 걸었다. 그 선배는 '희박할 수도 있지만 모든 사람이 성장의 속도가 다르듯이 태아도 1~2주 발달이 늦을 수 있다'라고 말해주었다. 그렇게 가느다란 희망의 실오라기를 붙잡고, 나와 아내는 2주를 기다리기로 했다.

그때부터 우리 부부의 2주간 도전이 시작되었다. 간절하게 우주에 우리 아이를 건강하게 태어나게 해달라고 빌고, 또 빌었다.

'이러한 시련을 계기로 사명의 길을 굳건히 걸어가겠습니다. 제 목숨과도 같은 소중한 생명입니다. 반드시 아이가 건강하게 태어날 수 있도록 우주의 대생명을 불어넣어 주십시오.'

배 속의 아기에게는 '아빠, 엄마가 너를 꼭 살리겠다. 괜찮다. 우리 아가. 괜찮다. 우리 아가' 배에 대고 계속해서 들려주었다.

그리고 2주 후, 기적이 일어났다. 초음파 기계를 배에 대자마자 선명하게 보이는 줄, 무지개처럼 선명하게 뇌량이 생겨 있었다. 의사, 간호사 모두 놀라워했다. 나와 아내는 참았던 눈물이 터졌다. 간절한 우리의 마음에 응답해준 우주와 애써준 아기에게 보내는 감사의 눈물이었으리라.

간절함은 우리의 삶에 강력한 마법과도 같다. 이 마법은 때로는 불가능해보이는 일도 가능하게 만들어주며, 우리가 생각조차 하지 못한 방식으로 일을 전진시키기도 한다.

모든 위대한 업적은 꿈에서 시작한다. 하지만 꿈이 단지 머릿속에 머물러 있어서는 아무런 힘을 발휘하지 못한다. 꿈을 실현하게 만들기 위해서는 그 꿈에 대한 간절한 열망이 필요하다. 이 열망은 마치 심장의 박동과도 같아, 우리를 꾸준히 앞으로 밀어올리는 힘이 된다. 우리가 정말로 원하는 것을 이루는 열쇠는 바로 이 '간절함'이다. 간절함은 우리에게 불가능을 가능으로 바꾸는 첫걸음을 내딛게 한다.

간절함은 우리를 더 강하고 용감하게 만들어, 실패와 좌절에도 굴복하지 않고 계속 도전하게 만든다. 우리의 한계를 시험하고, 우리가 생각지도 못했던 능력을 발견하게 한다.

또한 간절함은 우리 주변 사람들에게도 영향을 미친다. 우리의 열정과 헌신은 다른 사람을 감동하게 만들고, 때로는 다른 사람들이 우리의 꿈에 동참하게 만들어준다. 우리의 간절함이, 그들의 간절함을 불러일으키며 목표 달성을 위한 네트워크를 형성하게 만들어준다. 이렇게 형성된 네트워크는 우리가 당면한 장애물을 극복하고, 우리의 꿈을 함께 이루어가는 데 큰 힘이 된다.

정신분석학의 창시자, 지그문트 프로이트(Sigmund Freud)는 인간의 마음을 빙산으로 비유했다. 수면 위로 드러난 의식이 빙산의 일각에 불과하다면, 그 밑에는 방대한 무의식의 영역이 있다고 했다. 우리는 일상생활에서 의식적으로 결정하고 행동하는 것처럼 느끼지만, 사실 우리의 정신활동 대부분은 잠재의식에서 이루어진다. 잠재의식 영역에서는 깊은 심연의 의식으로, 우리의 본성, 습관, 행동, 자신감을 결정하는 중요한 영역이다.

　성공학의 대가인 조셉 머피(Joseph Murphy) 박사는 잠재의식이 작용할 때 어떤 법칙성이 있다는 사실을 알아냈다. 그는 많은 사람과 상담하다가 고뇌를 해결하거나 소망을 성취하는 것에는 어떤 원리가 작동하고 있다는 사실을 발견한 것이다. 즉, 어떤 생각이라도 그것이 진심을 다한 것이라면 잠재의식은 그 생각을 반드시 실현시켜준다는 사실이다.

　그는 잠재의식은 내면의 보물창고로, 생각이 현실로 이루어지는 원리라고 설명했다. 잠재의식을 잘 활용하면 잠재의식의 힘으로 우리는 부자가 되고, 원하는 무엇이든지 얻을 수 있다고 했다.

　자신의 꿈에 대한 간절함, '열망'이 있어야 비로소 성공에 닿을 수가 있다. 바람과 열망은 결정적인 차이가 있다. 사람은 누구나 원하는 것을 얻고 싶어 하지만, 대부분은 그저 바라는 것에 그치고 만다. 인생에서 자신이 원하는 바를 알고, 바람을 집념의 수준으로 끌어올리기 위한 각오를 다지며, 끊임없는 노력과 제대로 된 계획을 통해 그러한 집념을 밀고 나가다 보면, 어느 순간 깨달음이 찾아오고 명확한 목표가 자리를 잡는다. 명확한 목표는 간절함의 힘을 통해 현실에서 이루어지게 된다.

대학교 졸업을 앞두고 한창 취업에 도전할 때였다. 미국발 전 세계 금융위기는 채용 시장을 얼어버리게 했다. 연일 들리는 부정적인 뉴스와 친구들의 불합격 소식은 나를 불안하게 만들었다. 나도 높아진 취업의 문턱을 넘어서기 위해 필사적이었다. 면접 현장에서 만난 해외파와 최고 명문대 출신들의 지원자를 보면서 나 자신과 비교되기 시작했다. 그러한 사소한 마음의 스크래치는 최종 면접에서 불합격이라는 통지로 계속 이어졌다.

최종 면접에서 불합격은 충격 여파가 오래 갔다. 취업이라는 바늘구멍을 뚫을 수 있을 것인지에 대한 불안감은, 내가 지금까지 살아온 길이 맞는지 의문을 가지게 했다.

나는 다시 마음을 잡았다. 나도 모르게 남들과 비교하면서 스스로 옥죄었던 마음을 발견하고, 깊이 반성했다. 나는 그 누구와도 비교하지 않기로 했다. 오직 나만의 꿈과 사명을 발견하고 걸어가고자 다짐했다. 그리고 우주에 간절하게 소원을 보냈다. 반드시 최종 합격할 수 있는 회사에만 입사서류가 통과될 수 있도록 빌었다.

그 가운데 어릴 때부터 동경해왔던 회사에서 내가 원하는 직무에 공채를 뽑는다는 공고가 올라왔다. 나는 간절한 마음으로 서류를 작성하고 제출했다. 얼마 후 서류가 통과되었다는 문자를 받게 되었다. 나는 서류 통과가 최종 합격이라고 정하고 도전했기에, 면접 현장에 여러 우수한 지원자들이 몰렸지만 흔들리지 않았다. 나의 잠재적인 힘을 강하게 믿었고, '스펙'이 빛나서 합격하는 것이 아니라 나의 생명이 빛이 나서 면접관들의 마음을 흔들겠다는 강한 일념으로 면접에 임했다.

나는 지원한 회사의 공시된 재무제표 숫자를 모두 외워서 갔고, 면접관들의 모든 질문에 미소를 지으며 확신 있게 답변해갔다. 그리고 언젠가 면접관들의 위치에서 활약하는 나의 모습을 동시에 상상했다.

그러한 강한 일념이 면접관들의 마음을 흔들었을까. 한 달 후 최종 합격이라는 문자를 받고 나는 그 자리에서 무릎을 꿇고 펑펑 울었다. 그동안 간절하게 도전하며 인내했던 순간들이 스쳐 지나갔기 때문이다.

그때의 간절한 마음은 회사 15년 차 직장생활을 지탱하는 원동력이 되고 있다. 웬만큼은 어려운 상황에도 쉽게 흔들리지 않는다. 그때의 감사함이 아직도 생생히 나의 잠재의식에 저장되어 있기 때문이다.

우리가 원하는 것을 실현하고자 할 때, 그림을 명확히 그리는 것 말고도 해야 할 일이 있다. 그림만 그린다면 그저 몽상가에 머물 뿐이다. 명확한 목표에는 반드시 그것을 실현하려는 간절함, '결의'가

필요하다. 그리고 그러한 결의 뒤에는 그것이 이미 이루어졌다는 굳건한 '믿음'이 필요하다.

07
자기만의 스토리가
스펙이다

우리의 미래를 끌고가야 할 청춘, 세상을 향해 자신의 목소리를 외쳐야 할 청춘들이 도서관에 묶여 있다. 세상과 부딪치며 성장해야 할 청춘들이 참고서와 답안지를 들고 책상에만 앉아 있다. 좋은 직업을 얻기 위해 청춘을 스펙에 바친다. 인생을 스펙에 빼앗긴다. 꿈을 스펙에 양보한다.

현재 우리 청년들의 모습이다. 과연 이러한 과정들이 청년들의 당연한 의무인가? 청년들의 꿈과 행복을 보장해줄 수 있는 것일까?

다양한 경험을 통해 삶의 지혜와 통찰력을 길러야 할 20대 청춘들이 많은 시간과 에너지를 스펙 쌓기에만 쏟고 있다. 사실 나 역시도 그러한 분위기에서 스펙 쌓기에 열중할 수밖에 없었다. 친구들이 준비하는 자격증을 큰 고민 없이 함께 공부했고, 토익점수를 얻기 위해 많은 시간을 도서관에서 보냈다. 스펙에는 절대 만족이란 있을 수 없었다. 옆 사람이 쉬지 않는 한, 내 스펙 쌓기도 멈출 수 없는 것이다. 이러한 현실이 뭔가 답답함이 느껴졌지만 당장 눈앞의 취업이 지상 과제였다.

물론 화려한 스펙이 성공을 보장하던 시대가 있었다. 그 시대에는 정해진 기준에 따라 일을 성실히 수행할 수 있는 사람이 필요했다. 하지만 세상이 급변했다. 이제는 새로운 기술을 따라가는 것이 아니라 새로운 분야를 먼저 개척하고 변화를 주도해가는 '퍼스트 무버 (First Mover)'가 기업에서는 전략적으로 중요해졌다. 그리고 과거처럼 더 이상 제품과 서비스의 기술적인 스펙으로만 우위를 차지하기 어렵게 되면서 기업은 자신만의 고유한 스토리를 가지고 브랜드를 구축하고자 노력하고 있다.

세상의 변화에 따라 기업들도 정형화된 고스펙의 지원자보다 자신만의 독특한 경험이 있는 지원자를 선별해내고 있다. 다양한 배경을 가지고 있는 개성 있는 인재들을 통해, 새로운 아이디어와 접근 방식으로 혁신을 유도하고 성과를 높일 수 있다고 생각한다. 또한 이들이 가진 다양한 경험들이 고객들의 욕구를 파악하는 데, 큰 도움이 된다고 판단한다.

스펙으로는 사람을 알 수 없지만, 스토리는 분명 그 사람을 말해준다. 그리고 내용이 진실하다면, 상대는 나의 가능성을 믿게 된다. 기업도 마찬가지다. 스토리에서 발견되는 생생한 역량은 지원자를 신뢰하게 만드는 매우 인상적인 단서가 된다.

나를 되돌아보면 스펙을 위한 자격증 공부는 이력서 한 줄을 추가하기 위한 수단이었다. 시간이 지나면 머릿속에 남아 있지 않고 대부분 사라졌다. 토익점수 올리기도 똑같았다. 영어실력 향상을 위해서는 당장 외국인들을 만나 자신감을 키워야 할 판인데 도서관 책상에 앉아서 토익점수를 올리기 위한 찍기 요령만을 익히고 있었다. 외국인을 만나면 정작 한마디도 제대로 못 하면서 말이다. 스펙만을 쌓기 위한 공부는 휘발성이 매우 클 뿐 아니라 자신의 진짜 실력을 대변해주지 못하는 것이다.

하지만 인상적인 스토리는 많은 사람에게 각인이 된다. 스토리는 나를 수많은 경쟁자 중 한 명이 아니라, 유일한 한 명이 되게 한다. 학점, 토익점수, 자격증 등은 경쟁자끼리 비슷하거나 같을 수 있지만, 내가 가진 스토리는 나만의 유일한 스토리다.

스토리가 있다는 것은 자신의 길, 즉 사명을 안다는 뜻이며, 그 길에 방향을 맞추어 관련된 역량과 경험을 쌓아왔다는 것을 의미한다. 스토리가 없는 스펙 쌓기는 방향성이 없는 단지 자신의 거품 부풀리기 일뿐이다.

나치의 강제 수용소 경험을 바탕으로 한 《죽음의 수용소에서》의 저자 빅터 프랭클(Viktor Emil Frankl) 박사는 이렇게 말한다.

'다른 사람과 나의 삶의 의미가 다르고 10년 전의 나와, 지금의 나의 삶의 의미가 다르다. 그러니 특정 잣대로 인생의 유의미를 잣대질하면 안 된다.'

사람에게는 각자의 의미와 아름다움이 있다. 누구에게나 자기답게 꽃을 피워 자신의 길을 열어갈 권리가 있다. 그것이 바로 우리의 스토리, 즉 우리의 삶 그 자체다.

나만의 스토리를 만들겠다는 것은 나의 삶에 충실하겠다는 의지이며, 사람을 끌리게 만드는 스토리는 충실한 삶의 증거가 된다. 사람들은 그런 스토리가 있는 사람과 함께 일하고 싶어 하고, 함께 시간을 보내고 싶고, 함께 기뻐하고 싶다. 스토리는 사람의 가능성을 신뢰하게 만드는 힘이다. 그래서 스토리가 있는 사람에게는 기회가 찾아오기 마련이다.

나는 언젠가 청춘들을 둘러싸고 있는 답답한 환경과 통념이라는 거대한 벽을 부술 수 있는, 힘이 있는 사람이 되자고 청춘 시절 다짐했다. 굉장히 찰나 같은 인생에서 청춘들이 자신들의 개성을 빛내며 마음껏 활약할 수 있는 무대를 만들어주는 것이, 나의 사명과도 같은 생각이 들었다. 의무감으로 견뎌내야 했던, 시계의 초침까지 생생하게 각인되었던 외로움과 쓸쓸함의 순간들. 나는 그 격렬한 감정들을 나만의 노트에 적어나갔다.

그러한 시간 속에서 내가 걸어갈 길을 서서히 알게 되었다. 언젠간 나의 스토리가 세상에 빛을 발할 거라는 강한 믿음으로, 지금은 오직 인내의 시간이라고 정했다.

나는 10대 때부터 미래의 내 모습을 상상하며 글을 쓰는 것을 좋아했다. 상상에는 한계가 없기에 미래 상상 속의 나는 한계가 없는 사람이었다. 나만의 노트에 글을 쓰면 쓸수록 나는 점차 그것이 현실로 이루어진다는 것을 어느 순간 깨닫게 되었다.

나는 우리가 가진 마음의 힘에 더욱 믿음을 가지고 마음껏 상상했다. 미래에 꿈이 이루어진 나 자신을 상상하면서 희망을 품고 묵묵하게 걸어갔다. 내가 주인공으로 나오는 나만의 시나리오, 그리고 그에 대한 믿음이 있었기에 어려움이 나오더라도 크게 일희일우(一喜一憂) 하지 않았다. 그렇게 미래를 향해 응시할수록, 지금 내딛는 발걸음 하나하나가 가벼워졌다.

감당하지 못하는 어려움이 생길 때는 어김없이 글을 써갔다. 글쓰기는 마치 거울과 같아서 글을 통해 나는 깊은 나의 내면을 바라볼 수 있었다. 사건을 재구성하면서 의미를 새롭게 해석하며, 이 과정에서 의식이 크게 확장되는 것을 느꼈다. 그 순간 희망과 설렘으로 충만한 감정이 무한하게 솟아올랐다.

나는 당시 유행했던 싸이월드나 다음카페 등에 글들을 남기며 지인들과 생각과 감정들을 공유했다. 그때는 단순한 기록이었지만, 쌓이다 보니 나만의 독창적인 콘텐츠가 되었다. 나의 스토리에 지지를 보내주는 친구들과는 지금껏 변함없는 우정을 이어오고 있다. 나의 아내도 그중 한 사람이었다. 나의 아내는 누구보다 나의 스토리를 지지해주었고 내가 가진 잠재력을 높이 사준 친구였다.

청춘은 그 자체가 스펙이다. 제대로 사용하게 되는 경우 이 스펙보다 더 나은 스펙은 세상에 존재하지 않는다. 더 이상 쓸모없는 스펙을 위해 진짜 소중한 것을 방치해서는 안 된다. 도전을 막아서는 그 모든 평가와 통념을 두려워하지 말고, 세상을 깨고 당당하게 걸어갔으면 한다.

사람의 마음을 움직이는 것은 '실패 없는 성공', 즉 스펙이 아니라 '실패에도 불구하고 성공', 즉 우리의 스토리다. 스토리는 실패를 환영한다. 실패를 딛고 성공한 스토리를 세상에 들려주고 나면, 우리를 보는 세상의 눈이 달라질 것이다.

'앵매도리(櫻梅桃李)'라는 말이 있다. '벚꽃에는 벚꽃의 아름다움이 있으며, 매화는 매화의 향기가 있다. 복숭아에는 복숭아의 색채가 있고 자두에는 자두의 맛이 있다'라는 것이다.

우리 각자 모두는 자신만의 길이 있고, 개성이 있으며, 아름다움이 있다. 이것이 자연의 법칙이며 우주의 법칙이다.

자신만의 이야기가 있는가? 지금 그 이야기를 만들기 위해 노력하고 있는가? 혹시 지금도 다른 사람과 자신을 비교하고 환경을 탓하는 데 시간을 낭비하고 있지는 않은가?

자신을 믿고, 지금 당장 자신만의 이야기를 써 내려갔으면 한다. 우리는 우리가 생각하는 것보다 훨씬 특별한 존재다. 자신만 그것을 잊지 않으면 된다.

남들이 설정한 기준이 아닌, 오늘 하루도 가장 나답게 뜨거운 하루를 보냈으면 한다.

3장

15년 차
직장인으로 일하며
깨달은 비밀

시련 속에서도
배울 수 있는 것들

2003년 7월, 전북 부안 핵폐기장 반대 시위 현장.

"야, 신병! 뭐해! 정신 똑바로 안 차릴래? 실제 상황이야!"

성난 주민들의 화염병이 하늘에서 막 날라왔다. 나는 진짜 뉴스로만 보던 폭력시위를 생생하게 마주하고 있었다. 무서워서 다리가 후들후들 떨려 움직이기도 힘들었다. 조를 나눠어 정신없이 마을 곳곳을 뛰어다니며, 분산된 군중들이 군청으로 진입하는 것을 막았다. 마치 과거로 돌아가 교과서에서 공부했던 백여 년 전의 동학농민운동을 경험하는 듯했다.

나는 자대 배치를 받자마자 훈련 한 번도 없이 긴급상황이었던 시위 현장에 급하게 투입된 것이었다. 어떻게 2년을 버텨야 할지 눈앞이 깜깜했다.

사실 나는 편하게 군복무를 하고자 의경을 지원했다. 이왕이면 집 근처에서 근무할 수 있고 친구들도 오가며 볼 수 있었으면 했다.

논산훈련소에서 4주를 보내고, 경찰학교에서 3주 동안 교육이 진행되었다. 경찰학교에서의 성적 결과에 따라 자대가 배치되는데, 이때 교육생끼리 하는 이야기가 있었다. 각종 시위에 전담 투입되는 서울 기동대는 특히 피해야 한다는 것이었다. 전국의 악명 높은 시위에 언제나 최선봉으로 앞장서기 때문이다. 그만큼 훈련도 힘들고, 내부 규율도 악명이 높았다.

하지만 조금씩 꼬이기 시작했다. 앞 기수가 대부분 내가 가고자 하는 부산으로 발령이 나서, 우리 기수는 부산행 TO가 많지 않다는 것이었다. 서서히 긴장되기 시작했다. 변별력이 없던 사격 점수도 굉장히 성적에 큰 영향을 미친다고 했다.

사격 시험 당일, 사격 후 종이 과녁판을 확인하는 순간 하늘이 노래졌다. 내가 쏜 과녁판이 깨끗했다. 절망했다.

슬픈 예감은 맞는 것일까? 그렇게 나는 부산행 기차에 오르지 못하고 서울로 향하는 버스에 올랐다. 그것도 경찰서 소속 방범순찰대가 아닌, 서울 기동대로 발령이 났다.

첫날 자대배치를 받고 그 특유의 암울한 분위기에 나는 압도 당했다. 온갖 욕설이 난무하고 폭력적인 분위기에 나는 무너졌다. 지금까지 살아왔던 내 가치관과 모든 게 정반대였다. 그 시절의 나는 이렇게 썩을 대로 썩은 군대문화, 이를 알면서도 방관하고 있는 어른들에게 굉장히 분노했다. 이게 과연 정상적인 국가 시스템인 건가? 그렇다고 나는 소위 말하는 '빽'도 있지 않았다.

어떻게 2년이라는 시간을 버텨야 할지 너무 막막했다. 폭력적인 분위기 속에서 나도 피해 갈 수 없었다. 깨어 있는 순간들이 고통스러웠다. 잠을 자는 시간이 제일 행복했고, 아침 기상 시간이 지옥 같았다. 어머니가 보내준 격려의 편지를 이불 속에서 한 글자 한 글자 되새기며, 매일 혼자서 뜨거운 눈물을 흘렸다.

지옥 같은 곳에서 평범한 일상이 얼마나 소중한지 절실히 깨달았다. 당연하게 생각해왔던 것들이, 당연하지 않았고 너무나 감사했다. 그리고 항상 곁에 있는 가족들, 언제나 내 편이었던 어머니가 너무 보고 싶었다.

나는 끝없는 외로움과 고투 속에서 수도 없이 속으로 외쳤다.

'시간은 간다, 버티자…. 버티자…. 이러한 운명의 시련이 나에게 분명히 이유가 있다.'

그렇게 시간이 가지 않을 것 같고 지옥이었던 그곳도, 악마 같은 선임들이 하나둘씩 제대하면서 조금씩 나아지는 것을 느꼈다. 물론 각종 시위 현장은 위험한 상황이 많았지만 어쨌든 버티며 인내했다.

그렇게 2년이라는 시간이 지나고 제대하는 날, 나는 세상을 다 가진 기분이었다. 무엇이라도 다 할 수 있을 것만 같았다.

억만금을 줄 테니 다시 돌아갈 수 있냐고 물으면, 나는 여전히 그 시절로 절대 돌아가고 싶지 않다. 견뎌야 했던 숨 막히는 고통의 시간이 나의 내면 깊숙이 박혀 있으니 말이다.

하지만 시련이 고통으로만 남았던 것일까.

처음에는 이러한 시련이 나에게 준 의미가 무엇인지 잘 알지 못했다. 시련의 의미가 있을 것이라 혼자 되뇌면서도, 현실은 계속해서 같은 상황이 반복되었기에 모든 게 원망스러웠다. '나에게 왜 이런 일이 일어나는 걸까?'라고 자책하기도 했다. 하지만 그 의미는 시간이 점점 지날수록 깨닫게 되었다.

15년 차 직장생활을 하면서 많은 사람을 만나왔다. 회사도 사람 사는 곳이기 때문에 다양한 부류가 있다. 남들이 모두 힘들다고 하는 상사 밑에서 오랫동안 일하기도 했다. 물론 스트레스가 없지는 않았지만, 충격적으로 겪었던 군 생활의 인간관계에 비하면 모두 훌륭한 지성인이었다. 나의 내면은 무척 단단해졌고, 웬만해서는 크게 흔들리지 않았다. 어려움이 나와도 한 발짝 물러나 생각하면서 유유히 타고 넘을 수 있을 정도의 정신력을 갖게 된 것이다. 나는 이전보다 훨씬 더 내면적으로 성숙하고 강해진 것이었다.

그리고 군 생활을 통해 사람이 어디까지 밑바닥으로 내려갈 수 있는지 보게 되면서 나는 사람의 본성과 마음에 대해서도 넓게 공부했다. 사람의 행동에 숨겨진 그 내면을 파악하게 되면서 사람을 깊게 이해하게 되었다.

세상을 바라보는 시각도 달라져 있었다. 여러 이해관계가 충돌하며 갈등을 빚는 수많은 시위 현장을 피부로 느끼며, 사회적 약자와 여러 이익집단을 알게 되었다. 이는 사회에 대한 깊은 이해가 필요한 나의 전공과목 공부에 큰 도움이 되었다.

지금 아무리 힘들어도 그 힘듦이 평생 가지는 않는다. 분명 견디고 견디면 좋은 날들이 온다. 어느 한 시의 구절에, 흔들리지 않고 피는 꽃은 없다고 하지 않았나.

사람은 몸도, 마음도, 영혼도 단련하면 할수록 그 능력을 높이고 가능성을 크게 끌어낼 수 있다. 그 단련의 재료가 바로 시련이라 할 수 있다. 괴로움이 큰 만큼, 고뇌가 깊은 만큼 깨달음도, 기쁨도 크다.

어려움도 없고 고생이 없는 인생은 분명 편할 수는 있다. 그러나 바깥 공기를 쐬지 않아 피부가 약한 아기가 병약한 어린이로 자라듯이 시련과 어려움이 없는 인생은 쉽게 무너질 수 있다. 그리고 참된 행복이 무엇인지도 알 수 없다.

행복이란 아무런 고민이 없는 상태가 아니다. 아무런 고민도 없는 인생은 결국 아무것도 없는 인생으로 끝나고 만다. 어떤 일이 있더라도 자신의 인생을 상쾌하게 장식하기 위한 연극으로 받아들일 수 있어야 한다. '절대로 지지 않겠다. 그 무엇도 나를 막을 수 없다. 반드시 이겨내겠다!'라는 강한 마음으로 각오를 다져야 한다. 고난과 끝까지 맞서 싸워야 자신의 무한한 잠재력이 꽃피는 법이다.

인생의 모든 순간은 미래와 연결되어 있다. 지금의 모습은 우리가 과거에 생각하고 행동한 것의 결과다. 1년 후, 5년 후, 10년 후…. 지금 겪고 있는 모든 과정이 우리의 미래인 것이다. 지금 힘들다면 우리가 원하는 성공의 방향으로 올바르게 가고 있다고 받아들이면 된다. 우리 자신을 깊게 믿는 한, 그 어떤 어려움도 우리의 미래를 막을 수는 없다.

나는 지금껏 여러 시련을 통해 의미 있는 인생을 살아가기 위한 나만의 사명을 깨달을 수 있었다. 특히 극한의 군 생활 경험 속에서 계속해서 되뇌었던, '분명히 나에게 이유가 있다'라는 답을 이제는 확실히 알게 되었다.

서울 시위 전담 진압 부대에서의 경험은 내가 가고자 하는 사명의 길을 제시해주고 있던 것이었다.

'돈도 연줄도 없는 청년들이 거대한 사회의 장벽 앞에 무릎 꿇지 않도록 보듬어줄 것, 그리고 그들에게 세상을 바꿀 수 있는 무한한 힘이 있다는 것을 알려주는 것.'

전 세계의 청춘들이 자신의 꿈을 꾸며 빛날 수 있도록 내 남은 인생을 본격적으로 걸어갈 것이다.

무엇을 해도
계속 잘되는 사람의 특징

인생을 살아가다 보면 유난히 운이 좋은 사람들을 볼 수 있다. 옆에서 보면 그다지 열심히 하지 않아 보이는데도 항상 좋은 결과를 만들어낸다. 공부하는 것마다 그 이상의 결과를 얻는다든지, 이벤트에 응모해서 당첨된다든지, 아파트 청약에 당첨되어 돈을 많이 벌었든지 소소한 행운부터 시작해서 큰 행운에 이르기까지 운이 잘 붙는 사람들이 있다.

반면 운이 없는 사람들도 있다. 이벤트에 당첨된 경험은 전혀 없으며, 내기하면 항상 자신만 걸린다든지, 세차만 하면 비가 온다거나, 준비하는 시험마다 아쉽게 떨어지는 사람….

왜 어떤 사람들은 하는 일마다 잘 풀리는 것 같고, 또 누구는 운이 없는 것일까?

운은 일반적으로 어떤 사람이나 상황에 대해 긍정적이거나 부정적인 영향을 미칠 수 있는 우연의 일치를 의미한다. 운은 통제할 수 없는 외부 요인에 의해 발생하는 것으로 종종 개인의 노력이나 능력과는 무관하게 나타나기도 한다.

태어나면서부터 좋은 운을 타고난 사람도 있다. 하지만 좋은 운을 살리지 못하고 후천적으로 운이 나빠지는 사람도 있다. 반면 타고난 운은 없었지만, 후천적인 노력으로 운을 스스로 만들어가는 사람이 있다.

아내가 책을 세상에 내놓으면서 아내 덕분에 많은 작가를 만나게 되었다. 수백억 자산가부터 주식 전문가, 자신의 분야에서 최고를 달리는 사람들과도 친분을 갖게 되었다. 성공한 사람들을 만나 이야기를 나누면 그들은 하나같이 우리가 통제할 수 없는 운에 대해 겸손한 자세를 가지고 있었다. 그리고 자신의 운을 강하게 만들어가는 노력을 동시에 하고 있었다.

운이 좋은 사람들은 일단 행동하고 보는 실행력이 뛰어났다. 가만히 앉아서 계산기를 두드리는 것이 아니라 일단 실행으로 옮기며, 우연한 기회를 만들기 위해 최선을 다했다. 실제로 우리가 이벤트에 당첨되려면 이벤트에 응모해야 하며, 복권에 당첨되기 위해서는 복권을 사야 한다. 하지만 대부분은 이벤트에 응모도 하지 않고, 복권을 구매하지 않으면서 행운만 기대한다. 그렇기에 스스로 운이 나쁜 사람이라고만 생각하게 된다. 운을 만들어가는 사람은 행동하지 않으면 아무것도 얻을 수 없다는 것을 잘 알고 있다.

주변에 크게 성공한 사람들을 보며 한번씩 이런 생각을 할 때가 있다.

'아니, 저렇게 평범한 사람이 어떻게….'

하지만 조금만 깊이 들여다보면 그들에겐 평범한 사람들과 구별되는 작은 차이가 있었다. 그것은 남들이 생각만 하는 것을 행동으로 옮겨 실천했다는 것이다.

생각만으로 마하트마 간디(Mahatma Gandhi)나 마더 데레사(Mother Teresa) 수녀가 그처럼 인류의 위대한 발자취를 남겼을까? 아이디어만으로 스티브 잡스나 일론 머스크가 현대의 기술과 산업혁신의 상징적 인물이 될 수 있었을까?

그들이 위대한 이유는 그들의 지식이나 아이디어가 남달라서가 아니라 그들의 실천이 있었기 때문이다. 대다수의 평범한 사람들 역시 그들과 다르지 않다. 수천 가지의 좋은 생각을 지니고 있다. 그러나 대부분은 실천하지 않는다. 생각으로만 머문다. 반면 소수의 특별한 사람들은 다르다. 그들은 자기의 생각과 아이디어를 반드시 행동으로 옮기는 것이다.

'이번에는 꼭 공부를 열심히 해서 장학금을 받을 거야!'
'화를 내지 말고 주변 사람과 잘 지내야지!'
'돈을 많이 벌어 성공해서 멋진 삶을 살고 싶어!'

이처럼 더 나아지기를 원하면서도 대다수는 늘 그 자리에 머물고 있다.

공부를 못하는 사람과 잘하는 사람, 불행한 사람과 행복한 사람, 실패한 사람과 성공한 사람, 그 차이는 바로 실행력에서 나온다. 원하는 것이 달라서가 아닌, 실행 여부가 다르기 때문이다.

타고난 재능으로 촉망받던 영재들이 어른이 되고 나서 평범하게 살아가는 경우가 많다. 재테크 공부는 많이 하는데 부자가 되지 못하는 사람도 많다. 전략과 기획력은 뛰어나지만, 성과를 내지 못하는 조직 역시 널려 있다. 그들에게 딱 하나가 부족하다. 역시 '실행력'이다.

세계 최고의 부자 중 한 명, 빌 게이츠는 성공 비결을 이렇게 말했다.

"다른 사람의 좋은 점을 모두 내 것으로 만들었습니다."

전 세계에서 가장 성공적인 투자자인 워런 버핏 역시 부자가 되는 비결에 대해서 똑같이 말했다.

"부자가 되는 비결 중 하나는 다른 사람의 좋은 습관을 나의 습관으로 만들었습니다."

우리 역사 속에서도 과거 시험을 보러 가는 수험생들은 중국의 명문장이나 우리 선인들의 명문장을 좔좔 외우고 베껴 쓸 수 있어야 했다. 모방에서 창조가 나올 수 있다고 생각했기 때문이다. 성공의 길로 나아가기 위해서는 앞서나간 사람을 연구해서 그대로 따라 해 보는 것이 좋은 방법이다. 최고의 강사가 되고 싶다면 최고 강사의 강의를 들어보고 그 사람처럼 최고의 자리에 도달할 수 있는 경로를 그려보는 것이 중요하다. 그리고 자신만의 커리어 로드맵을 작성해 보는 것이다.

나와 아내는 언젠가 세계를 무대로 하는 우리만의 큰 꿈을 가지고 있다. 가난과 전쟁으로 오랜 시간 고통받고 있는 아프리카에 행복이 넘칠 수 있도록 역할도 해가고 싶다. 그곳에 어린이들이 미래를 꿈 꿀 수 있는 학교를 짓는 것이 목표이기도 하다. 아니, 왠지 모를 꼭 그래야만 한다는 사명감이 있다.

그러한 꿈의 로드맵을 그려가면서 지금의 40대가 그 토대를 만들 어가는 가장 중요한 시간이란 생각이 들었다. 현실적으로 꿈을 위해 서는 경제적인 자유를 이루어야 했다.

우리 부부는 경제적인 자유를 일깨워줄 우리만의 멘토, 롤모델을 찾기 위해 갈망하고 있었다. 그러한 멘토들이 우리에게 시간을 내어 주기 위해서는, 그만큼 우리도 도움을 줄 수 있는 존재가 되어야 했 기에 각자의 위치에서 결과를 만들기 위해 노력했다.

그러던 중 아내는 자신의 영혼을 울리게 되는 책을 한 권 발견했 다. 자신이 걸어가고자 하는 길을 먼저 걸어가고 있던 저자였기에 아내는 혹여나 반신반의의 마음으로 메일을 보내게 되었다.

간절한 마음이 통했던 것일까? 책의 저자는 아내의 메일을 보고 감동했고, 차를 한잔할 수 있는 시간을 내어주었다. 차를 한잔하면서 저자는 아내의 성품과 잠재력을 높이 사게 되었다.

그 이후 연락을 이어가면서 몇백억의 자산을 이루고 사회에서 활약해가는 사람들을 소개받게 되었다.

스스로 경제적인 풍요를 일군 부자들의 사고방식은 평범한 사람들과는 달랐다. 의식 수준 자체가 왜 부자가 될 수밖에 없는지 여실히 보여주었다.

뛰어난 실행력과 함께 그들은 매사를 긍정적으로 받아들였다. 주변이 어떻게 흘러가는지 호기심 어린 눈빛으로 관찰하며, 배움을 게을리하지 않았다. 항상 모든 것을 긍정적으로 생각하기에 배움에 대한 운도 더 따랐다.

그들도 항상 결과가 좋은 것만은 아니었다. 좌절을 맛보고 실패 때문에 상처도 받았다. 하지만 좌절에서 끝나지 않고 다시 일어나서 도전했다. 자신에 대한 믿음을 가지고 인내하면 모든 장애물을 극복할 수 있다는 것을, 경험을 통해 알고 있었다.

부자를 따라 하면 똑같이 되진 못해도 부자와 가까워진다고 했다. 아내와 나는 그들의 모든 생각을 흡수하려 했다. 그들의 의식과 생각을 나의 세포 하나하나에 새긴다는 마음으로, 그들의 책을 사서 매일매일 모사했다. 거인의 어깨에 올라타서 그들의 걸음으로 빠르게 성장하고 싶었다. 우리는 적당히 하지 않았고 온 힘을 쏟았다.

그렇게 백일을 도전하고 나서 나를 되돌아봤다. 나의 의식과 생각은 확연히 달라져 있었다. 그리고 생명의 깊은 곳에서, 무엇이든 나의 의지대로 환경을 만들어갈 수 있다는 자신감이 샘솟고 있었다.

의식 수준이 높아지는 것만으로 만나는 사람이 달라진다. 보는 세상이 달라진다. 성공자들은 성공자 수준의 의식 세계가 있다.

우리 부부는 성공자들의 의식 세계를 배우면서 삶이 백팔십도로 변하는 것을 경험했다. 우리 부부의 의식 수준이 바뀌면서 1년도 채 되지 않아 주변 환경 자체가 급변했다.

미래 어떤 모습으로 살아갈지는 우리들의 생각과 행동에 달려 있다. 지금 환경이 불만족스럽다면 지금 당장 생각과 행동을 바꾸어보자. 미래는 확연히 달라질 것이다.

누구에게도
상처받지 마라

세상을 살아가다 보면 크고 작은 상처를 받는 일은 피할 수 없다. 우리가 받는 상처는 여러 가지 형태로 다가온다. 친구의 무심한 말 한마디, 사랑하는 사람과의 오해, 나를 교묘하게 비꼬는 사람, 직장에서의 인간관계등 다양한 상황에서 우리는 마음의 상처를 입는다. 이러한 상처들은 우리를 아프게 하고 때로는 절망에 빠뜨릴 수 있다. 하지만 상처를 어떻게 받아들이고 어떻게 극복하는가에 따라 우리의 삶은 달라질 수 있다.

르네 데카르트(Rene Decartes)는 다음과 같이 말했다.

"누군가 나의 기분을 상하게 할 때, 나는 나의 영혼을 아주 높이 끌어올려 그런 기분이 내 영혼까지 도달하지 못하도록 노력한다."

누구에게도 상처받지 않는 법은 곧 자신을 보호하는 법을 배우는 것이다. 이는 자신에 대한 사랑과 존중에서 시작된다. 타인의 말이나 행동에 민감하게 반응할 필요 없다. 그들의 행동이 우리의 가치를 결정짓지 않음을 기억해야 한다. 자신을 사랑하고 존중하는 마음이 강해질수록 타인의 말과 행동에 흔들리지 않는 내면의 힘을 기를 수 있다.

세상의 온갖 풍파를 겪었던, 뽀빠이 아저씨로 유명한 방송인 이상용 씨. 그는 107세 할아버지를 만나 한 가지 질문을 던졌다.

"107세를 살면서 욕하고 음해하는 사람들이 있었을 텐데, 107년 동안 어떻게 참고 사셨어요?"

"간단하지라, 내버려뒀더니 다 뒤지대!"

욕하던 사람들이 80세에 죽고 90세에 죽어서 자신을 욕하는 사람이 없다고 한다. 투박하지만 여기에 인생의 지혜가 담겨 있는 것이 아닐까.

지금의 인간관계는 언젠가 다시 새롭게 세팅된다. 평생 우정을 약속했던 학창 시절의 인간관계도, 학교를 졸업하면 연락이 차츰 뜸해지다가 결국 연락이 모두 끊게 된다. 지금 직장에서의 여러 관계도 마찬가지다. 내 인생에서 언젠가는 없어질 사람들의 관심을 얻기 위해, 미움을 받지 않기 위해 내 인생의 중요한 순간들을 허비하지 않는 것이 중요하다.

나의 진가를 알아봐주는 사람에게만 진심으로 최선을 다하면 된다. 나의 진가를 알지 못하는 사람들에게 감정과 시간을 소모할 필요 없다. 모든 사람과 친하게 지내고 좋은 평가를 받기 위해 노력하지 않아도 된다.

인류의 위대한 선각자들, 그리고 현재의 유명한 사람들도 모두 누군가에게 미움을 받으면서 살았다. 우리가 누군가의 미움을 받는 것은 어쩌면 너무나 당연한 일이다. 그것에 상처받지 말고 자신을 힘들게 하지 않아도 된다.

사회생활을 하면서 나에게 말을 함부로 하거나 교묘하게 인신공격적인 말을 하면 항상 나는 속으로 외쳤다.

'반사!'

누군가 막 내뱉는 말들에 대한 최선의 대응은 '저 사람은 내 인생에서 길게 갈 사람은 아니구나. 지금이라도 알아서 다행이다'라고 생각하며 넘기는 것이다. 굳이 싸울 필요도 없다.

독일의 철학자 쇼펜하우어(Arthur Schopenhauer)는 '우리의 인생은 매우 짧다. 행복만 하기에도 짧은 시간이다. 그 사람을 신경 쓰고 스트레스받으면 나만 손해일 뿐, 최고의 복수는 관심조차 주지 않고 그보다 훨씬 더 잘 사는 것. 굳이 복수하지 마라. 썩은 과일은 알아서 떨어진다'라고 했다.

누군가 우리에게 해악을 끼친다 해도 굳이 앙갚음하려 하지 않아도 된다. 혼자 참고 당하고만 살라는 말은 아니다. 내가 복수를 하지 않아도 나에게 상처 준 사람은 인과응보의 우주 법칙에 따라 반드시 어떻게든 자신에게 되돌아간다. 이는 인생을 통찰한 선각자들이 한결같이 깨달은 결론이기도 하다.

부모와 자식과 같은 가까운 관계라 상처를 피할 수 없다면, 때론 '용서'와 '이해'가 필요하다. 말과 행동은 상황과 감정에 의해 영향을 받는다. 그들이 우리에게 가한 상처가 의도적이지 않을 수도 있는 것이다. 우리도 어떤 상황에서 갑자기 감정이 솟구칠 때가 있다. 사람은 완전치 않기에 의도치 않은 실수도 하게 된다.

세상에서 가장 무거운 것은 남을 미워하는 마음이다. 남을 미워하는 마음이 가득하면 가장 무거운 짐을 들고 있는 것과 같다고 한다. 세상에서 가장 힘든 싸움을 하는 것이다. 그 미운 마음을 내려놓기만 하면 한결 편해지고 삶이 훨씬 아름다워진다.

미움을 내려놓는 방법이 용서하는 마음이다. 용서는 우리의 마음을 자유롭게 하고, 마음 깊이 잠재된 상처를 치유하게 한다.

직장도 사람이 사는 곳이기 때문에 다양한 사람들이 있다. 배울 점이 많고 인성이 좋은 사람도 있지만, 나쁜 사람들도 있다. 뼛속까지 이기적인 사람, 사실과 다르게 왜곡해서 남을 교묘하게 깎아내리는 사람, 조그만 실수에도 사람을 쥐 잡듯이 핀잔을 주는 상사, 도무지 속을 알 수 없는 음흉한 사람들이다. 필연적으로 사회생활을 하는 직장인은 그러한 사람들과 한 번씩은 마주하게 된다.

어느 통계 조사에 따르면, 퇴사한 직원 절반 이상이 직속 상사 때문에 직장을 그만두는 것으로 나타났다. 주변 경우만 봐도 어렵게 회사에 들어왔지만, 직속 상사와의 갈등이 그만두는 가장 큰 이유였다.

당장 주어진 일들은 시간이 지나면 줄어들고, 힘든 업무는 노하우가 쌓이면서 적응하게 된다. 회사의 잘못된 방침이나 정책 등에 대해서는 동료들과 술 한잔 주고받으면서 서로 위안으로 삼고 풀어갈 수도 있다. 하지만 사람 문제는 다르다. 지금 당장 너무 힘든 사람, 즉 나에게 가장 큰 영향력을 행사하는 직속 상사와의 문제는 현실적으로 심각할 수밖에 없다.

상사 때문에 힘들다는 동료나 후배들에게 "평생 그 사람하고 일하는 거 아니니까, 조금만 버텨"라는 조언을 해주곤 한다. 그런데 단 하루도 버티기 힘들다며 비참한 눈빛으로 전하는 푸념에는 마땅한 답이 없다. 실제로 상사가 팀원에게 끼치는 영향은 상당하다. 상사는 출근길을 즐겁게도 또는 지옥 같게도 만들 수 있다.

나도 직장생활 15년 차로 일을 하면서 많은 사람을 만났다. 가장 악명 높은 상사 밑에서 몇 년간 버티며, 계속되는 상처 속에서 회사생활을 지속할 수 있을지 고민에 빠지기도 했다. 하지만 꿈을 그리며 들어온 직장을 한 사람 때문에 포기한다는 것은 스스로 용납되지 않았다. 어떻게든 맞서 이겨내야 하는 또 하나 인생의 관문이라 생각했다.

나는 상사의 모독적인 발언이나 행동을 개인적인 공격으로 받아들이지 않기 위해 노력했다. 감정적으로 거리를 두고, 상사의 비판을 개인적인 공격이 아닌 상사의 불완전한 커뮤니케이션 방식으로 이해했다. 그리고 동시에 나의 자존감을 지키기 위해 다양한 분야의 많은 책을 읽었다. 그날그날 힘이 되는 문구들은 발췌해 스마트폰에 저장해두고 끊임없이 머릿속에 새겼다. 감정적으로 몹시 힘든 날은 나만의 노트에 글을 써나갔고, 언제나 나를 지지해주는 아내와 맥주 한잔을 하면서 격려를 받기도 했다.

나는 언젠가 상처를 준 사람들에게 복수를 꿈꾸었다. 그것은 최고의 조직을 만듦으로써 결과로 그들에게 보여주는 것. 출근길이 행복한 부서를 만드는 것이 나의 목표였다. 그러한 마음으로 버티고 버텼다. 그리고 시간은 지나갔다.

현재 회사 경영기획 부서를 이끄는 부서장으로 일을 하고 있다. 후배들과 소통하기 위해 권위를 내려놓고, 그들의 목소리에 귀 기울여주고, 동등한 입장으로 다가가려 노력했다.

그러한 진심이 통했던 것일까. 우리 부서에는 웃음꽃이 떠나질 않는다. 마음이 서로 맞기 때문에 최고의 팀워크로 일을 처리해간다. 타 부서 사람들도 우리 부서를 가장 분위기가 좋은 부서라고 이야기할 정도다.

얼마 전, 부서원들과 시간을 쪼개어 조직문화 개선이라는 명목하에 유튜브 영상을 촬영했다. 유행하는 영상을 패러디해 직급마다 직장인들의 애환을 연출했다. 아이디어 회의부터 촬영까지 모든 과정에서 부서원 모두가 진심으로 즐기며 행복해했다. 서로에게 뜻깊은 추억을 새긴 것이다.

마지막 촬영을 마치면서, 나는 순간적으로 직장에서 겪었던 모든 고난과 상처들이 스쳐 지나갔다. 그리고 나를 힘들게 했던 그 상사에게도 감사한 마음이 들었다. 그러한 상처들이 있었기 때문에 나는 더욱 성숙해지고 단단해진 것이었다. 그리고 지금의 순간들을 진심으로 만끽할 수 있던 것이다.

상처는 고통스럽지만, 상처를 성장의 기회로 삼는다면 우리는 더욱 강하고 지혜로운 사람이 될 수 있다. 이때, 자신을 사랑하고 존중하는 마음이 가장 중요하다.

인생이라는 자동차의 핸들을 남에게 맡기지 않고, 그들의 말과 행동에 과도하게 반응하지 말자. 세상에서 가장 중요한 것은, 그 무엇도 아닌 바로 '자기 자신'이다.

인맥에
목숨 걸지 마라

　서점에 가면 좋은 인간관계를 유지하는 방법이나 인맥 관리를 위한 팁을 설파하는 책들이 넘쳐난다. 그만큼 인간관계로 고민하거나 인맥을 잘 맺고 싶은 사람들이 많다는 증거라고도 할 수 있다. 인맥을 쌓아야 사회적으로 성공할 수 있다고 이야기한다. 과연 인맥이 우리의 성공을 보장해줄 수 있을까?

　한국의 3대 엔터테인먼트 회사 중 하나인 JYP의 대표 박진영은 한 인터뷰에서 이렇게 이야기했다.

　"짧게 보면 인맥은 도움이 될지 모르지만 길게 보면 결코 도움이 되지 않는다. 사람은 모두 이기적이어서 자신에게 도움이 될 때만 도와주게 되어 있다."

　돈, 시간, 에너지를 쓰면서 만났던 사람들은 자신의 직함, 타이틀이 사라지면 모두 없어지게 된다. 미래에 도움이 될 거라 판단해서

챙겼던 인맥들은 내가 아무런 능력 없을 때는 의미도 없게 된다. 이는 잘 나가던 주변 친구들이 퇴사 후 체험했던 공통적인 증언이기도 하다. 친하지도 않은데 억지로 생일을 챙기고, 안부 연락을 하는 사람들도 있다. 만약 내가 그 사람에게 불필요한 사람인데, 인맥 관리한다고 선물을 보내고 안부 전화를 한다면 상대방은 부담스럽지 않을까. 본인은 인맥이라고 생각하지만, 과연 상대방은 인맥이라고 생각할까.

인맥은 대등한 위치에 있을 때나 인맥이 된다. 한쪽이 일방적으로 기대기만 하면 민폐가 된다.

실력을 먼저 키워야 한다. 실력이 인맥이 된다. 내가 갖춰진 것이 없이 받으려고만 하는 관계는 쉽게 끊어질 수 있지만, 서로가 주고받을 수 있는 관계는 오래간다.

실력을 키워야 할 때는 혼자 있는 시간이 중요하다. 혼자 있어야 타인의 말과 생각으로부터 자유로워진다. 내가 원하는 것에만 집중할 수 있다. 그 시간이 쌓이면 내면이 충만해진다. 비로소 삶의 여유와 활력을 찾을 수 있다.

실력이 충분히 쌓일 때, 실력은 '향기'가 된다. 향기는 널리 퍼져나가서 벌과 나비를 불러 모은다. 이것이 인맥 관리의 핵심이라고 할 수 있다. 자기가 맡은 일을 열심히 하고 내가 잘 나가면, 나랑 친해지고 싶은 사람이 쌓이게 마련이다. 실력이 있고 아낌없이 남에게 베풀면 향기를 맡고 좋은 사람들이 찾아온다.

인맥을 쌓기 전에 '나다움'을 먼저 갖춰놓으면 내게 필요한 사람들이 다가오는 것이다. 자기 실력 없이 그냥 뿌리는 명함은 이름이 찍힌 종잇조각에 불과할 뿐이다.

어느 조직이나 인맥, 인간관계를 유달리 강조하는 사람들이 있다. 이들을 자세히 살펴보면 하나의 공통점이 있다. 실력도 없지만 자기계발을 거의 하지 않는다는 점이다. 이들이 기댈 수 있는 곳은 오직 연줄, 인맥뿐이다. 이들이 승진을 하더라도 사람들은 바보가 아니다. 실력 없이 정치질만 해서 올라갔다고 모두 생각한다. 본인만 모른다. 후배들도 욕하고 있다는 것을.

실력이 부족한 사람이 중요한 위치에 있게 되는 경우 잘못된 결정이나 비효율적인 업무처리로 장기적으로 회사에서도 큰 손실이다.

나는 마흔 넘어서 알게 된 중요한 사실이 있다. 그것은 친구가 사실 인생에서 크게 중요하지 않더라는 것이다. 청춘 시절, 나는 우정이 전부라고 생각할 때도 있었다. 친구들이 힘들면 위로해주고 그들과 울고 웃었다.

하지만 학창 시절 그렇게 오래갈 것 같았던 친구들도 점점 연락이 뜸해지더니, 대부분 연락이 끊기게 되었다. 절대적이라 생각했던 우정은 각자의 상황에 따라 변질되기도 했다.

혈기 왕성했던 20대 초에는 시간이 무한한 것만 같았다. 부자들이 가장 중요하게 생각하는 것이 '시간'이라는 말도 잘 와닿지 않았다. 시시콜콜한 주제로 친구들과 의미 없이 잡담하며 보내는 시간도 많았던 것 같다.

지금 와서 되돌아보니 가장 중요한 것은, 역시나 '시간'이었다. 우리에게 주어진 시간은 제한되어 있으며, 일단 지나가면 다시는 돌아오지 않는다. 성공적인 삶을 살아가는 사람들은 하나같이 누구에게나 똑같이 주어진 시간을 매우 효율적으로 활용하고 있었다.

현재 나의 가장 큰 관심사는 '시간을 어떻게 효율적으로 사용할 수 있을까?'다. 집에서는 어린 두 딸과 열심히 놀아주면서도, 나의 실력을 쌓기 위한 온전히 방해받지 않는 나만의 시간 확보를 위해 노력하고 있다.

한창 청춘들에게는 인간관계가 가장 큰 고민이기도 하다. 힘든 인간관계로 불필요한 감정을 가지고 시간을 소모하고 있다면, 한 번쯤은 그 관계를 되돌아볼 필요가 있다.

특히 청춘들에게 있어서는, 꿈이 없는 친구와는 과감히 관계를 정리해도 된다고 말하고 싶다. 나를 돌보고 내가 우뚝 서야 남을 도울 수 있다. 꿈도 이루고 세상과 당당히 소통할 수 있다. 꿈이 없는 친구들의 이야기를 듣고 있자면 자신도 방황하는 인생을 살게 된다. 의미 없는 방황을 줄이고 인생의 지름길로 가는 것만으로도 어느 정도 성공은 보장된다.

우리의 인생을 살아가기에도 부족한 시간이다. 꿈이 없는 친구들은 우리들의 인생을 책임져주지 않을뿐더러, 오히려 우리의 에너지와 시간을 빼앗아간다. 여기저기 힘 빼지 말고 내면에 집중하는 삶을 살았으면 한다. 우리들의 인생을 꿈이 없는 친구들에게 담보 잡히는 어리석은 사람이 되지 않았으면 한다.

자신의 분야에서 성공하거나 부를 이룬 사람들을 만나보면 오히려 인간관계가 깔끔했다. 빼곡한 일정 속에서 자신들이 만나고 싶은 사람들만 만났다. 사람을 만날 때 많은 에너지가 소비된다고 여겼기 때문이다.

'이 사람과 있으면 왠지 즐거워'라고 느껴지는 사람, 함께 있으면 행복하고 기분이 좋아지는 사람, 되도록 그런 사람들과 많은 시간을 가지면 된다.

주위의 사람들과 모두 잘 지내려고 하면 항상 긴장되고 스트레스는 한없이 늘어난다. 무리해서 그런 인간관계를 지속하려고 애쓸 필요는 없다.

우리는 각기 다른 파동을 지니고 있다. 진심으로 끌리는 사람은 자신과 파동이 잘 맞는 사람, 즉 함께할 때 시너지효과를 낼 수 있는 사람이라 할 수 있다.

파동이 맞는지 안 맞는지 알아보는 간단한 방법이 있다. 그것은 같이 있는 시간이 길게 느껴지는가 짧게 느껴지는가를 살펴보는 것이다. 똑같은 한 시간이라도 사랑하는 사람과 함께 있는 것과, 따분

한 회의로 보내는 것은 심리적으로 차이가 무척 크다.

사회적으로 성공했고 사람도 좋아보이지만, 어쩐지 함께 있는 자리가 어렵고 불편하게 느껴진다면 그는 당신과 파동이 맞지 않는 사람이다. 반대로 몇 번 본 적이 없는 사람인데도 이야기를 나눠보니 말도 잘 통하고, 문득 시계를 봤을 때 '벌써 이렇게 시간이 흘렀나?' 하고 느껴진다면 파동이 잘 맞는 사람이라 할 수 있다.

되도록 자신에게 소중한 사람, 파동이 맞는 사람과 많은 시간을 보내는 것이 좋다.

진정으로 의미 있는 인맥은 수량이 아니라 질에서 온다. 진정한 친구나 멘토는 어려울 때 진심으로 당신을 도울 수 있다. 자신과 정말로 잘 맞는 몇 명의 사람들과 깊은 관계를 맺는 것이 수십 명의 피상적인 관계를 유지하는 것보다 더 값질 수 있다.

그러니 인맥에 목숨 걸지 마라.

학벌보다 인성과 태도가
훨씬 중요하더라

철강왕으로 유명한 미국의 기업가 앤드루 카네기(Andrew Carnegie)는 다음과 같이 말했다.

"미소는 본전이 필요 없다. 그런데도 이익은 막대하다. 맘껏 주어도 줄지 않고 받으면 풍요로워진다. 일순간의 미소만으로도 그 기억은 영원으로 이어진다."

우리는 출근하면서 자기 자리에 앉기까지 직장동료, 후배, 상사 등 수많은 사람과 눈을 마주치게 된다. 어떤 사람은 '그 많은 사람에게 일일이 어떻게 인사를 할 수 있나?'라며 '상대방이 먼저 인사하면 대응해야지' 하고 생각하기도 한다. 반면 어떤 사람은 평소 알고 지내는 사람뿐만 아니라 평소에 업무 접촉이 없는 사람까지도 환하게 미소 지으며 인사를 건네는 사람도 있다. 과연 우리는 어떤 유형의 사람일까.

회사에서 마주치면 항상 밝고 환하게 웃으며 인사를 하는 타 부서 직원이 있다. 아주 잠깐 인사를 나누었지만, 밝은 그 미소가 온종일 기분 좋게 만든다. 그 직원이 부서 업무협조 요청을 하게 될 때면, 나도 사람인지라 사정을 헤아리며 더욱 적극적으로 도와주게 된다. 반면 먼저 인사를 건네도 냉소적인 표정으로 본체만체 지나치는 직원들도 있다. 왠지 기분이 나쁘다. 주변의 이야기를 들어보면 그 직원에 대해 하나같이 평판이 좋지 못했다. 기본적인 간단한 인사에서도 그 사람이 어떻게 일을 하는지 대략 파악할 수 있는 것이다.

회사에 들어와서 깨달은 사실이 있다. 취업 관문을 뚫기 위해 피나는 노력을 쏟아부었지만, 사실 회사 업무는 기본 소양만 쌓으면 충분히 할 수 있는 것들이 많다는 것이다. 대기업일수록 업무들이 시스템으로 정교하게 돌아간다.

입사 초 재무 부서에서 근무할 때, 월 마감 시 재무제표를 생성하는 과정이 오래 걸렸다. 사람이 개입하는 부분이 있으니, 어디선가 실수라도 있으면 최종 숫자가 맞지 않는다. 어디서 잘못되었는지 실수를 찾기 위해 야근은 이어졌다. 실수를 발견할 수 있는 개인적인 역량도 중요했다. 하지만 요즘에는 버튼 하나면 모든 재무제표가 순식간에 만들어진다. 하물며 최근 AI가 급속도로 발전하기 시작하면서 챗GPT에 키워드만 넣어도 원하는 보고서까지 얻을 수 있게 되었다.

이런 상황에서 나는 회사생활에 있어서 그 무엇보다 '태도'가 가장 중요하다는 것을 다시금 상기하게 되었다. 그리고 내가 경험해 본 좋은 태도를 가진 직원들은, 하나같이 밝게 인사를 나누는 사람들이었다.

누군가 뛰어난 능력을 보유하고 있더라도, 그것이 바로 성과로 이어지지는 않는다. 성과는 공동의 목표를 가진 여러 사람이 함께 만들어내는 결과물이기 때문이다. 요즘과 같이 변화가 빠르고 복잡하게 얽혀 있는 사회에서는 혼자서 해낼 수 있는 일은 거의 없다. 협력을 통한 서로의 시너지 창출이 가장 중요한 미션이 되고 있다.

밀가루 반죽이 저절로 부풀어 빵이 되지는 않는다. 최고의 재료를 부어 넣는다고 해도 맛있는 빵이 되지 않는다. 제빵으로 치면 개개인의 역량과 전문성은 핵심 재료라 할 수 있다. 혼자만 잘났다고 성과가 나오는 것이 아닌 것이 아니라, 그 재료들이 훌륭한 성과물로 이어지기 위해서는 여러 요소가 투입된다. 그 많은 요소를 하나로 연결하는 힘이 바로 '태도'에서 나오는 것이다. 좋은 태도는 좋은 연결을 만든다.

좋은 태도를 가진 사람은 다른 사람의 마음을 얻고, 나아가 그들의 능력을 얻는다. 여러 사람의 능력을 하나로 뭉쳐낸다. 즉, 성과의 원천이라고 말할 수 있는 것이다.

한 설문조사에서 임원들에게 가장 중요하게 생각하는 인재의 요소가 무엇인지 물어봤다. '실력'보다 '인성과 태도'가 가장 중요하다고 대부분 답변했다.

학벌은 개인의 지식수준을 나타낼 수는 있지만, 그 사람의 전체적인 능력이나 잠재력을 완전히 대변하지는 못한다. 오히려 실제 업무 환경에서는 학벌이 높은 친구들보다 일머리 있는 친구들이 상황의 맥락을 잘 짚고 성과가 높은 경우가 많았다.

어느덧 나도 한 부서를 이끄는 간부가 되면서 오래도록 함께 일하고 싶은 직원들이 생겼다. 그들은 타고난 실력이 뛰어나 눈부신 능력을 발휘한다기보다, 함께 일하고 싶다는 마음이 들게끔 일을 했다. 자신의 밝은 에너지를 나누면서, 주위 사람을 대함에 있어 편안함과 신뢰감을 심어주었다. 한마디로 좋은 인성과 태도를 가진 직원들이었다.

일의 결과물이 다소 기대에 미치지 못하더라도, 그들은 자신의 부족함을 솔직하게 인정하고 더욱 노력하는 모습을 보였다. 시간이 지날수록 실수도 줄어들고 업무의 범위도 확장되어가며 일취월장하는 모습을 보여주었다. 그러한 친구들은 내가 가지고 있는 모든 지식을 알려주며 성장시켜주고 싶은 생각이 들게끔 한다.

반면 어떤 직원들은 조금만 불편한 이야기를 꺼내도 기분 나쁘다는 감정이 얼굴에 다 드러난다. 그러한 직원들은 나도 사람인지라 대하기가 부담스럽다. 마음속으로 분명한 선을 긋게 되어버린다. 그 직원들은 어딜 가더라도 자신의 한계를 벗어나지 못하고 머물러 있게 된다.

인생이 잘 풀리는 비결은 결국 '사람과 사람 사이의 보이지 않는 유대'를 양호하게 유지하는 것에 있다. 함께 일하고 싶은 사람이 될 때 업무의 폭이 넓어지고 비로소 자신이 가진 역량과 가능성이 폭발할 수 있다. 태도는 그 열쇠라고 할 수 있다. 사람을 얻고 성과를 내고 결국 자신의 가치를 압도적으로 높이는 가장 중요한 자질이라 할 수 있는 것이다.

좋은 태도를 가지고 있는 사람은 일반적으로 상대에 대한 배려가 깊다. 이러한 배려심이 깊은 사람은 사람들에게 사랑을 받는다. 업무가 곤란한 상황이면 누군가가 손을 뻗어 도와줄 가능성도 크다. 사람들에게 사랑을 받으면 배울 수 있는 것도 많아 그만큼 빨리 성장하게 되고 조직에서도 빨리 올라갈 수 있는 지름길이 열리게 된다.

아침에 활기차게 "안녕하세요!"라고 인사하며 미소를 보여주는 것만으로도 반은 먹고 들어간다. 나도 복도에서 후배들과 우연히 마주치면 내가 먼저 고개 숙이며 인사를 하는 편이다. 출근하면 항상 자리를 청소해주시는 아주머니에게도 진심을 담아 인사를 건네고 있다. 사소하지만 이렇게 서로 긍정적인 인사를 나누게 되면, 나비효과가 되어 많은 사람으로부터 호의로 돌아오는 것을 경험했다.

살짝 미소를 머금은 눈인사는 상대의 뇌에 우리를 친근하고 긍정적인 사람으로 각인시켜줄 것이다. 어떻게 나비효과로 작용할지는 모를 일이다. 직장에서 최고의 인재로 거듭나게 되는 부메랑으로 돌아올 수도 있다.

우리 인생의 마디마디에는 고난과 어려움이 쏟아지기도 한다. 일, 건강, 가족, 인간관계 등 뜻하지 않은 형태로 어려움이 폭풍처럼 몰아칠 때도 있다.

우리의 태도는 우리가 세상을 보는 방식을 결정한다. 긍정적인 태도를 가진 사람은 고난 속에서도 희망을 찾아내며 고난을 자신의 성장 기회로 받아들인다. 부정적인 태도를 가진 사람은 같은 상황에서 오직 장애물만 바라보며, 깊은 좌절과 실망감에 빠지기 쉽다.

태도는 단순히 생각하는 방식을 넘어서 우리의 행동에도 직접적인 영향을 미친다. 적극적이고 긍정적인 태도를 가진 사람은 문제에 직면했을 때 해결책을 찾기 위해 행동하며, 문제를 해결했을 경우 자신감이 쌓이게 되어 자신만의 확고한 시각을 갖게 될 수 있다.

반면, 소극적이고 부정적인 태도로 일관하는 사람은 무기력과 행동 부족을 초래하며, 이는 실패의 악순환 고리에 빠지게 하는 원인이 되기도 한다.

인생에서의 태도는 단순한 감정의 표현을 넘어, 우리의 결정, 행동, 그리고 궁극적인 운명을 형성하는 기초가 된다. 우리의 태도는 단순히 일상을 넘어서 우리가 누구인지를 정의하며, 우리가 어떤 삶을 살 것인가를 결정짓는 가장 근본적인 요소라고도 할 수 있다. 태도는 선택이며, 오늘 우리가 선택한 태도가 내일의 우리를 만들어가게 된다. 이왕이면 우리는 긍정적인 태도를 선택함으로써 우리의 인생을 풍요롭고 의미 있게 만들어갔으면 한다.

아주 사소한 차이가
결국 큰 차이를 만든다

세상에서의 모든 변화와 발전은 작은 차이에서 시작된다. 종종 우리는 큰 변화를 만들기 위해 대단한 행동이 필요하다고 생각하지만, 실제로는 아주 미세한 차이들이 삶의 큰 변화를 만들어내곤 한다.

쌓인 업무를 모두 처리하고 퇴근했다면 다음 날 출근길이 가벼워질 테고, 야식의 유혹을 이기지 못해 잔뜩 먹었다면 다음 날 통통 부은 얼굴로 하루를 시작하게 될 것이다. 나의 작은 선택들이 아주 가까운 미래부터 변화시킨다. 그렇다면 인생을 길게 봤을 때, 이러한 작은 선택들이 모여 얼마나 큰 변화를 만들어낼까?

아내의 하루는 새벽 5시부터 시작된다. 20대부터 만들어온 습관이라고 한다. 결혼하며 직접 10년 넘게 지켜봐왔지만 한결같다. 알람 소리가 울리면, 한순간 망설임도 없이 바로 침대 밖으로 걸어 나간다. 주말이라고 예외는 없다. 체력 관리를 위해 조금 더 늦게 일어나라고 이야기하면, 오히려 하루를 자기의 생각대로 펼쳐갈 수 있는 에너지를 새벽에 얻을 수 있다며 자신과 타협하지 않는다. 출근 전까지 어떤 방해도 없는 오로지 자신만의 시간이 너무 행복하단다. 그 시간을 통해 하루를 생생하게 구상하고, 나아가 미래까지 생생하게 그릴 수 있다고 하니.

매일 아침 일찍 일어나는 일은 사소할 수도 있다. 하지만 이러한 일상의 반복이 1년, 아니 10년이 넘게 이어지면서 아내는 자신의 인생을 주도하는 삶을 살고 있다. 워킹맘으로 사회에서 실력을 뽐내며 마음껏 활약하면서도, 자기의 삶과 생각을 담은 책들을 출판하기도 했다. 한 번밖에 없는 소중한 인생을 뭔지 모르는 거대한 힘에 이끌려 가는 것이 아니라, 자신이 주도적으로 이끌어가는 삶을 살아가고 싶은 동기로부터 시작된 것이다. 그러한 동기를 이루기 위한 첫 실천이 아내는 아침 일찍 일어나는 것이었다. 그 시간이 쌓이기 시작하면서 아내는 자신만의 확고한 세계관을 만들게 되었다. 매일 자신이 꿈꾸는 삶을 살아가고 있다며 행복한 미소로 이야기하면서.

영감을 주는 아내가 있었기에, 나도 출근 전 새벽 시간을 활용할 수 있었다. 영어학원을 수년째 다니고 있고, 현재는 학원 대신 이른 아침 7시에 스타벅스로 가서 책도 읽고 글도 쓰면서 나만의 시간을 보내고 있다.

아침잠이 많은 나로서는 처음에는 여간 힘든 것이 아니었다. 하지만 하루하루 도전하며 습관이 되기 시작했고, 어느 순간 힘이 들지 않게 되었다.

아침에 일찍 일어나 도전함으로써, 나에게 미치는 긍정적인 변화는 셀 수 없을 정도다. 아침을 스스로 통제하게 되면서, 보이지 않는 자신감이 넘쳐났다. 세상을 향해 무엇이든 도전하는 자세로 변하게 되었다. 남의 눈치도 크게 보지 않기 시작했다. 회사에서도 소신대로 일하면서, 경직되고 정체된 회사 분위기를 바꾸어보고 싶었다. 부서원들과 요즘 트렌드를 반영한 챌린지 영상을 촬영하며, 공식 회사 유튜브 채널에 올리기도 했다. 많은 동료와 후배들이 지지를 보내주었고, 실제로 회사 조직문화가 조금씩 변화되고 있음을 실감하고 있다.

하루를 시작하는 마음가짐과 행동이 나를 둘러싼 환경을 내가 생각하는 방향으로 만들고 있는 것이었다. 세상을 변화시킬 수 있다는 자신감을 주었다. 이러한 하루하루가 계속해서 쌓인다면 1년 뒤, 5년 뒤, 10년 뒤는 또 다른 '나'가 되리라.

많은 사람이 자신을 변화시키기 위한 마음을 가지고 있다. 서점에 가면 자기계발서는 넘쳐나고, 미디어에는 인생을 바꿀 수 있다는 강연 영상도 수두룩하다. 하지만 아무리 자기계발서를 읽고, 좋은 강연을 많이 봐도 내 마음 하나 바꾸는 것, 내 행동 하나 바꾸는 것이 사실 여간해서 쉽지 않다.

《정리만 했을 뿐인데, 마음이 편해졌다》의 저자 다네이치 쇼카쿠(種市松鶴)는 더 나은 사람이 되려는 시도가 성공하기가 힘든 이유는 자신의 의식을 바꾸는 것에만 집중하기 때문이라고 설명했다. 사람의 마음은 의식이 10%, 무의식이 90%를 차지하는데 90%의 무의식을 그대로 둔 채 의식만 바꾸려니 안 된다는 것이다. 언어를 사용할 때 특정한 문법과 어휘를 선택하며, 습관화된 행동과 내 의지와 상관없이 떠오르는 생각, 감정 등이 모두 무의식의 발로다. 이러한 무의식을 내버려둔 채 의식만 재무장하니 몸과 생각이 잘 따라주지 않는다. 무의식에 영향을 미치는 요소가 바로 주변 환경이라고 저자는 이야기한다.

우리의 감정은 환경과 상호작용한다. 예를 들어 감정이 흐트러지면 무의식적으로 주위를 어지럽히게 되는데 이는 마음의 변화가 환경에 반영되기 때문이다. 반대로 지저분한 환경에서는 나태한 생각이 느는데 이는 환경이 감정을 지배하기 때문이다. 우리의 감정이 그때그때 무의식적으로 환경에 반영되는 것처럼, 환경도 감정에 영향을 미치는 것이다.

자기 자신을 사랑하고 존중하는 사람들은 머무는 공간이 깨끗하다. 이러한 사람들은 자존감이 높고 자신을 귀하게 여기는 습관이 있다. 이러한 환경에 영향을 받아 어딘지 모르게 말과 행동에서도 자신감이 묻어난다.

나는 주변 환경이 잘 정돈되고 깨끗하면 내 의식 세계에도 영향을 미친다는 것을 경험적으로 알게 되었다. 내가 머무르는 장소는 늘 깨끗하게 하려고 노력한다. 아침과 저녁, 5분만 투자하면 된다. 이왕이면 좋은 향기와 함께 깨끗하고 상쾌한 곳에서 시간 보내기를 원한다.

공부하기 전에는 우선 책상 정리를 가장 먼저 한다. 주변이 정돈되어 있어야 집중이 잘되기 때문이다. 반면 주변이 지저분하고 어지러워져 있으면 내 마음도 어지럽다. 조그만 일에도 평소와 달리 감정을 제어하지 못할 때도 있다. 공부할 때도 잡생각이 나고 집중하기가 쉽지 않다.

집에 귀한 손님이 오면 깨끗이 청소하며 손님을 맞이하듯이 내 인생의 주인은 '나'이고 내가 가장 귀한 사람이다. 자신을 귀하게 여길수록 자존감은 높아간다. 그 의식의 실천적인 행동이 바로 나에게는 정리정돈이다.

직원들을 보면 그들의 책상만 둘러봐도 일을 잘하는지 못하는지 대략 알아볼 수 있다. 일을 잘하는 친구들일수록 책상도 깨끗하고 깔끔하다. 컴퓨터 바탕화면 파일들도 일목요연하게 정리되어 있다. 하지만 일의 성과도 시원찮은 친구들의 책상을 보면 뭔가 정리되어 있지 않고 굉장히 어수선하다. 그들을 관찰하면 큰 목표 없이 일상 자체가 대충이다. 환경이 무의식적으로 일에도 영향을 미친다고 할 수 있다.

사소해보이지만 나에게는 정리정돈하는 습관이, 일이나 공부에 있어 긍정적인 결과에 큰 영향을 미쳤다. 인생의 방향, 판도 자체가 달라졌으리라.

자기의 외모를 계속해서 가꾸어가는 것도 중요하다. 태어날 때부터 외모가 출중하다면 좋겠지만 그렇지 않더라도 우리는 충분히 자기의 외모를 가꾸어갈 수 있다. 용모를 단정히 하고 옷을 멋지게 입는 것이다. 그걸로도 충분히 사람들에게 깔끔한 인상을 줄 수 있다.

옷차림은 생각보다 우리에게 많은 영향을 미친다. 지저분하거나 남루한 옷은 우리를 우울하게 만들거나 자신감을 떨어뜨린다. 하지만 단정하고 세련된 옷을 입고 있으면 왠지 모를 용기가 샘솟고 당당해진다. 옷차림에 따라 우리의 첫인상이 결정되기도 하고, 우리를 판단하는 잣대가 되기도 한다.

사람들에게 좋은 인상을 남길 수 있으면서도 동시에 자신에게 자신감을 심어주는 확실한 투자라는 것을 알게 된 이후, 나는 나의 외모를 단정하게 하기 위한 좋은 옷과 향수를 사는 것에 돈을 아끼지 않게 되었다. 확실히 나에게 딱 맞는 깔끔하고 단정한 옷차림을 하면 남에게 좋은 인상을 줄 뿐 아니라, 나의 발걸음도 당당해졌다.

우리는 어릴 때부터 세뇌되다시피 "외모보다 내면이 더욱 중요하다"라고 들어왔다. 물론 내면이 중요한 것임은 틀림없는 사실이다. 하지만 사회생활에서는 내면만큼이나 외모는 중요하다. 내면의 진심을 알아가기 위해서는 시간이 걸린다. 사람들은 외모를 본능적으로 먼저 보게 되어 있다. 누군가를 만날 때 상대방에 대한 시각적 인상이 가장 먼저 정신에 도달한다. 상대방은 우리를 신속하게 훑어보고 우리에 대한 조사를 마친다. 처음 만났을 때의 느낌에 따라 계속해서 볼 사람인지, 그만 볼 사람인지 판단하기도 한다. 따라서 남들에게도 좋은 인상을 심어줄 수 있는 적절한 옷차림에 투자하는 돈은 사치가 아니라 자신의 가치를 높이기 위한 필수 투자다.

건축물도 아무리 단단한 골조라도 장식이 없으면 매력이 반감된다. 외모가 단정하지 못한 사람을 보게 될 때, 그 사람에 관해서 실상은 아무것도 모르고 있음에도 또는 어쩌면 아주 훌륭한 것을 많이 가지고 있음에도 불구하고, 그 사람의 내면까지 깊이 파고 들어갈 생각을 하지 않는다. 미리부터 그 사람을 마음속에서 거부하는 것이다. 자신의 용모를 방치해서 자신을 낮게 평가되도록 만들 필요는 없는 것이다.

가볍게 넘길 수 있는 사소한 차이들이 지금의 우리를 만들었고, 현재를 만들고 있다. 일상 속 중요하지 않다고 여기는 작은 순간들과 미세한 선택들이 모여 우리의 습관을 만들고 삶을 형성한다. 사소해 보이는 결정과 습관들이 시간이 흐르면 커다란 변화의 물결을 만들어내기도 한다.

나는 오늘도, 내일의 커다란 변화로 이어질 수 있는 매 순간 사소한 선택을 소중히 하며 나아간다. 지금의 나를 흐뭇하게 쳐다보며 웃고 있을 미래의 멋진 나의 모습을 상상하면서.

인생은 길고
직장은 짧다

연말 임원 인사 발표 전, 임원 한 분과 개인적으로 점심을 하고 회사로 돌아가고 있었다. 갑자기 모르는 전화번호로 임원 분에게 전화가 걸려 왔다.

"여보세요? 누구십니까? 아, 네. 제가 ○○○입니다만."
"네…. 네…. 하…."

전화 내내 깊은 탄식이 쏟아졌다. 전화가 끊기자, 그분은 다리가 풀리시며 거리에 풀썩 주저앉으셨다. 나는 어디서 전화가 왔는지 직감했다. 공식적으로 임원 인사가 발표되기 전, 미리 그룹 관계자가 마음의 준비를 하라고 귀띔을 준 것이다. 임원 2년 만에 회사를 떠나야 하는 상황이 되어버렸다. 임원 승진 축하드린 일이 엊그제 같았는데, 50대 초반에 회사를 떠나야 한다니 얼마나 상심이 크실까.

벤치에 앉아서 하염없이 하늘을 쳐다보시는 그 모습이, 아직도 가슴에 남아 있다. 나도 그때부터 회사에 대해서 생각이 많아지기 시작했다.

직장인들의 꿈, 임원 승진. 하지만 100대 기업에 재직하는 일반 직원이 임원으로 승진할 수 있는 비율은 고작 0.7%라고 한다. 1%도 되지 않는다.

하늘의 별을 따기 위해서 경쟁이 치열하다. 상황은 조금씩 다르지만, 회사마다 어떤 라인에 설 것인지 이른바 사내 정치가 존재한다. 자신의 이익을 위해 필요하면 경쟁자에게 흠집을 내는 것도 서슴지 않는다. 각종 유언비어가 난무하고 정치에 밀린 사람은 내상이 크다. 한국 사회 특유의 조직 병폐라고도 할 수 있다.

나는 경영기획 부서에서 10년이 넘게 일을 하며, 많은 임원을 가까이에서 지켜봐왔다. 처음에는 그 자리까지 올라갈 수 있는 임원들의 실력과 운이 부럽기도 했다. 높은 연봉, 복지 혜택, 개인 사무실, 회사 차량, 개인 비서까지….

하지만 많은 임원의 표정은 별로 행복해보이지 않았다. 근심과 걱정이 가득했다. 회사의 실적이 좋지 않거나, 의도치 않은 불미스러운 일이라도 터지면 언제든지 집에 갈 수 있는 준비를 해야만 한다. 젊고 유능하셨던 다른 계열사의 한 임원도 임기 2년을 채우지 못하고 1년 만에 짐을 싸기도 했다.

직장인들이 그렇게 원하는 임원도, 현실은 가시방석에 앉아 있는 것이다. 나는 다른 소중한 뭔가를 포기하면서까지 임원이 되기 위해 무리하는 일은 큰 의미가 없다는 생각이 들었다.

공기업에 재직 중인 아내의 말을 들어봐도 별로 상황은 다르지 않다. 본부장까지 지낸 고위 임원들이 퇴직하면서 당장 다음 달 내야 할 카드값을 고민하고 있단다. 이게 우리 직장인들의 현실이고 말로인가.

하물며 고액 연봉을 받던 임원들도 은퇴 이후의 경제적 고민과 삶을 고심하는데 일반 직장인들은 더하면 더했지, 못 미치지는 않을 것이다.

회사는 절대로 우리를 책임져주지 않는다. 언제든 우리의 필요가 다하면 다른 사람으로 대체할 수도 있는 것이 조직의 원리다. 세상의 변화 속도는 훨씬 더 빨라지고 있다. 앞으로는 AI가 우리의 많은 것을 대체할 수도 있다. 하루아침에 자신의 일자리를 잃을 수 있다. 시대의 변화에 대처하지 못하면 갑작스럽게 파도처럼 쓸려 나와 아무 대책 없이 살아가게 된다. 그때부터 허둥지둥하면 이미 늦었다.

우리는 주변에서 회사에 충성하다가 골병만 들고 헌신짝처럼 버려졌다고 한탄하는 사람들을 많이 볼 수 있다. 그동안 고생한 자신에게 이럴 수 있냐며 불만을 쏟아내기도 한다. 가만히 있다가 정작 회사로부터 뒤통수를 맞은 뒤에 화내고 따져봐야 자신만 손해다. 애초부터 사회에 대해서 순진했던 자신의 무지를 탓해야 한다.

일부는 회사에서 안정적으로 주는 월급에 취해 회사가 영원할 것이란 착각 속에 살고 있다. 자신의 직위가 언제까지 계속될 것이라는 착각에 자신의 권력을 남용하기도 한다. 회사 직급을 떼고 나면, 모두 평범한 동네 아저씨, 아주머니에 불과한데 말이다. 그러다 어느 순간 현실을 마주하고 정신을 차리면 늦다. 인생 2막이 준비되지 않은 상황에서 갑작스럽게 회사를 떠나게 되면, 행복했던 가정이 경제적인 문제로 순식간에 불화에 휩싸이기도 한다.

세상이 돌아가는 원리, 조직의 본질을 이해하면서, 무조건적으로 회사에 헌신하기보다는 자신의 성장과 행복, 미래를 중심에 두는 자세를 가져야만 한다.

직장생활은 짧고, 퇴직 후 남은 인생은 길다. 힘들게 살아가는 사람들은 현실이 팍팍하고 암울하기에 인생을 '그저 견디면서 살아가는 것'이라고 생각하기도 한다. 견디고 살아가는 것은, 일종의 감옥이다. 감옥에 있는 죄수들은 숙식도 제공받고 시간에 맞춰 운동까지 하는데도 행복을 느끼지 못한다. 그것은 그들이 원하는 세상이 아니기 때문이다.

생각보다 긴 인생을 고통스럽게 살지 않기 위해서는 미리 내일을 위한 준비를 잘해야 한다. 준비 없는 미래는 재앙이다. 은퇴한 많은 사람이 별다른 일 없이 무의미하게 시간을 보내고 있다. 창살 없는 감옥에서 그저 살아만 가는 것이다.

주변을 살펴보면 다들 노후에 대한 걱정은 앞서지만, 대부분 행동하지 않는다. 퇴직 후 무엇을 할 것인지, 어떻게 해야 하는지 막막한 불안감만 가지고 있다.

지금까지 사실 어디서도 은퇴 이후의 삶에 대해 딱히 배운 적이 없다. 퇴직은 다가오는데 모아놓은 돈도, 밖에서 할 수 있는 일도 마땅치 않다. 은퇴 이후를 생각하면 마음만 심란하다. 자녀들은 대학교 입학 언저리에 있어 부모로서 입시나 취업 부담감도 함께 느끼기도 한다. 그러다 막상 회사를 나오기라도 한다면 뭐라도 해야 한다는 강박과 압박에 시달린다. 이에 별다른 준비 없이 퇴직금을 쏟아부어 프랜차이즈 가맹점을 오픈한다. 하지만 준비되지 않은 창업은 십중팔구 망한다. 알면서도 그 전철을 밟아간다. 이 상황이 평균적인 우리네 모습이다.

퇴직 또는 퇴사 이후 어떤 삶을 살아갈 것인지 미리 계획하고 행동으로 옮겨 준비한다면 원하는 미래가 더 빨리 올 수 있다. 경제적인 자유를 만들기 위한 기술을, 사회 초년생 때부터 계속해서 공부해야 자신의 삶을 살아갈 수 있다.

30대 후반까지만 하더라도 나도 퇴직 또는 퇴사는 먼 미래의 일로 치부했다. 하지만 시간이 갈수록 두 아이가 커가며 돈이 쑥쑥 빠져나가는 것을 보면서, 이대로라면 결국 대다수처럼 돈에 쫓기며 빠듯하게 살아가는 삶을 살 것 같았다. 이렇게 된다면 내 꿈을 이룰 수 없었다. 내가 원하는 삶이 아니었다. 나는 결단을 내려야 했다.

사람은 누구나 자신이 원하는 인생을 살아갈 수 있다. 하지만 생각대로 살지 못하고 현실과 타협하기 때문에 행복하지 않은 인생을 살아가게 된다. 나는 더 이상 현실을 견디면서 재미없는 인생을 살기 싫었다. 가슴이 뛰는 즐거운 인생을 살고 싶었다. 나는 어떤 일을 할 때 행복함을 진심으로 느낄까?

우리는 본능적으로 누군가가 시켜서 하는 일을 극도로 싫어한다. 회사에서 신이 나지 않는 것도 사실 누군가가 시켜서 하는 일이기 때문이다. 애초부터 직장에서는 자기의 잠재력을 펼쳐갈 수 없는 태생적 한계가 있는 것이다. 누군가의 일을 대신하는 것은 크게 보람이 없다. 하지만 누군가가 시켜서가 아닌, 창조적으로 자신만의 콘텐츠를 생산해내는 것은 즐겁고 보람된 일이다. 나는 나만의 색깔을 발산하면서 하루하루 가슴이 뛰는 삶을 살아가기로 선택했다.

내 인생 제2막을 열어주는 열쇠는 바로 '책 쓰기'였다. 이미 우리들의 삶은 책 한 권이라고도 할 수 있다. 책을 쓰기 시작하면서 나의 인생을 깊이 되돌아볼 수 있었다. 그리고 과거의 모든 '점'들이 연결되기 시작했다. 이를 통해 나만의 시각, 세계관을 넓혀갈 수 있었다. 그리고 내가 어떤 인생을 살아야 할지 나의 사명을 자각하기 시작했다.

내가 알던 세계가 달라보이기 시작했다. 주변의 모든 사물이 글쓰기의 재료가 되어 있었다. 언젠가는 나만의 브랜드를 구축할 것이라 믿고 한 걸음, 한 걸음 나아가고 있다.

어느 순간, 미래에 대한 불안감이 거의 없어진 나 자신을 발견했다. 미래가 두렵지 않게 되었다. 세상을 향한 도전이 재밌게 느껴지기 시작했다. 알 수 없는 자신감이 내면으로부터 계속해서 용솟음쳤다.

아마 그것은 도전하는 매 순간이 진심으로 행복하기 때문이리라. 나는 이따금 세계적인 베스트셀러의 작가로서, 해외로 강연을 다니는 행복한 상상도 해보곤 한다. 그리고 나의 비전 보드에 생생한 이미지 사진으로 붙여놓았다. 강한 확신과 함께.

나의 미래는 분명히 내 생각대로 현실이 될 테니까.

4장

스무 살에
알았더라면
더 좋았을 것들

과감히 상상하고
선을 넘어보라

어릴 때부터 족쇄에 묶인 코끼리는 커서 약간의 힘만으로도 족쇄를 끊어내버릴 수 있음에도 평생을 묶여 산다. 벼룩은 자신의 100배까지 점프할 수 있음에도 유리병 속에 가둬 키우면, 절대 그 유리병 높이 이상의 점프를 하지 못한다. 처음부터 '이것은 어쩔 수 없는 것'이라고 생각해왔기 때문이다. 우리는 과연 다를까?

"나는 J라서 그래." "나는 P라서 그래."

요즘 유행하고 있는 MBTI는 사람을 이해하는 관점을 늘렸지만, 누군가에게는 MBTI를 지나치게 맹신한 나머지 자신을 가두는 또 다른 족쇄로 작동하기도 한다.

우리는 일상에서 알게 모르게, 가볍게라도 보이지 않는 한계를 자신에게 설정하고 있다. 때로는 그러한 한계가 사회가 만들어놓은 규칙보다 더 강하게 우리를 구속하기도 한다. 직업, 소득, 학벌, 성별,

거주지 등으로 자신을 규정한다. 그리고 그러한 규정 속에 자신을 가둔다. 이러한 규정으로 우리의 생각 범위는 제한되며, 성취도 제한된다.

구글의 공동 창업자인 래리 페이지(Larry Page)는 "가능한 한 크게 생각하라"라고 했다. 그는 작은 목표보다 큰 목표를 세우는 것이, 더 쉬울 때가 있다고 말한다. 그 이유는 목표가 작으면 해결 방법의 범위도 한정되기에 문제해결이 어렵다는 것이다. 반면 목표가 크면 상대적으로 해결 방법의 범위가 확장되기에 문제해결 방법도 다양하다고 한다.

하지만 우리는 살아가면서 목표를 크게 세우지 못하고 생각의 범위를 제한한다. 가장 큰 이유는 주변 사람들의 입에서 나오는 "그건 불가능해"라는 말 때문일 것이다. 사람은 주변을 의식하면서 살아간다. 하지만 유독 우리 사회의 경우 그 정도가 심하다. 서로를 규정하고 편을 가르며 판단하기에 여념이 없다. 그리고 규정에서 조금이라도 벗어나면, 손가락질하고 비난한다.

"너는 여자인데 왜 그렇게 행동해?" "지방대 출신이면 힘들어, 분수를 알아."

심지어 어렵게 회사에 들어와서도 공채 출신인지 아닌지, 출신 성분을 따지며 조직 내에서 편을 가르기까지 하니….

여러 이야기가 자신을 괴롭힌다. 보이지 않는 족쇄에 자기의 한계를 두게 되면서, 프로그래밍된 것처럼 그대로 행동해야 한다는 느낌을 받는다.

때론 이러한 분위기에 익숙해져, 무엇이 잘못되었는지 의문을 가져보지도 않는다. 아니 오히려 자신이 그 족쇄의 수호자가 되기도 한다. 마치 당연하다는 듯이….

세상은 '해야 할 것'과 '하지 말아야 할 것'으로 가득 차 있다. 개인적 또는 조직적 차원에서만 바라봐도 진정한 혁신과 창의성은 보이지 않는 이러한 경계를 넘어서야만 발현된다. 이러한 경계를 넘기 위해서는 기존의 규칙과 제약을 넘어서는 용기가 필요하다. 그리고 선을 넘는 과감한 상상력이 필요하다.

경계를 넘는 용기를 가지기 위해서 우선 우리는 타인의 평가에서, 자유로워져야 한다.

"저 사람은 정말 좋은 사람이야"라고 평가할 때, '좋은 사람'이란 결국 누구에게나 좋은 사람이 아니라 각자에게 이득이 되는 사람이다. 반대로 이득이 되지 않는 사람은 '나쁜 사람'이 되기도 한다. 이런 점들만 봐도 세간의 평가는 얼마나 근거가 없고 모호한지 알 수 있다. 자신의 삶을 억눌러서 얻은 성과는 오래 가지 않는다. 주변에도 타인의 기대에 부응하려고 애쓰다가 지쳐 떨어진 사람도 많이 있을 것이다.

우리는 타인이 아닌 우리의 삶을 살아가기 위해 태어났다. 세상의 상식이나 자신이 생각하는 본인의 한계를 제대로 질문해보자. 어쩌면 쓸데없는 일에 에너지를 쏟고 있다는 사실을 스스로 알게 될지도 모른다. 불필요한 것을 버리면 한결 자유로워질 수 있다. '좋은 사람'이 되지 않는다고 해서 잃는 것은 사실 의외로 많지 않다.

경계를 뛰어넘기 위해, 또 하나, 기존의 권위에 속지 않아야 한다. 세상을 살면서 우리는 다양한 형태의 권위와 마주하게 된다. 권위는 회사의 상사, 조직의 전통, 업계의 규칙 등 다양한 모습으로 나타날 수 있다. 권위는 필요할 때도 있지만, 개인의 성장과 창의성을 억제하는 큰 장애가 될 수 있다.

역사적으로도 혁신적인 발전은 기존의 권위에 도전하는 과정에서 시작되었다. 기술 분야에서 스티브 잡스와 같은 인물들은 기존 제품의 한계를 넘어서 사용자 경험을 극대화하려는 새로운 접근 방식을 제시하며 업계 전체를 변화시켰다. 넷플릭스는 영화 배급사가 자체 콘텐츠를 제작할 수 없다는 고정관념에 도전했다. 스페이스X는 우주 탐험이 민간 기업이 아니라 정부에 의해 주도되어야 한다는 통념을 깨뜨렸다. 이들은 모두 자신이 속한 업계의 오래된 통념에 도전하면서 혁신을 만들어냈고, 풍부한 기회로 향하는 문을 열었다.

나는 학창 시절 때부터 누군가, 나에게 획일화된 생각을 강요하는 것이 무척 싫었다. 선생님 또는 부모님이라 할지라도 말이다.

특히 고등학교 때 밤 10시까지 강제적인 야간 자율학습은 나의 숨을 막히게 했다. 왜 그토록 늦은 시간까지 모든 학생을 잡아두었는지 지금도 이해할 수 없다. 선생님들은 강압적으로 학생들에게 무조건 학습 내용을 암기하도록 강요했다. 모든 학생에게 똑같은 내용을, 각자의 개성은 일절 고려하지 않고 말이다. 나는 이러한 공부들이 큰 의미가 없다고 생각했다. 그저 시간이 아까웠다.

나는 넓은 세상에서 자유를 꿈꾸었다. 언젠가 내가 꿈꾸는 세상에서 날개를 펼칠 그 날을 위해 그저 인내해야만 했다. 보이지 않는 나의 한계와 족쇄를 부수기 위해 노력하면서.

어느덧 나는 인생의 절반 정도를 달려왔다. 내 나이쯤 되는 사람들을 만나보면, 대다수는 큰 변화 없이 안정적으로 살고 싶어 한다. 어쩌면 사람의 본능이라고도 할 수 있겠다. 하지만 자신이 변화하지 않으면 생존이 위협받는, 세상이 급변하고 있는 시대에 살고 있다. 산업간 경계가 무너지고, 새로운 형태의 비즈니스 모델은 기존의 산업구조를 재편하고 있다. 잘 나가던 기업들이 순식간에 망하기도 한다.

이러한 환경에서 회사는 살아남기 위해 혁신과 변화를 강조한다. 하지만 사실 우리는 그동안 학창 시절 때부터 잘 짜인 각본에 익숙하다. 미리 준비된 질문과 그에 대한 답을 잘 고르는 것이, 우리의 역할이었다. 세상의 변화에 민첩하게 대응하면서, 다양한 답안이 필요한 이러한 상황이 불편하다. 스스로에 대해서 본질을 꿰뚫는 질문을 제대로 던져본 적도 없다. 자신을 옭아매고 있는 족쇄가 무엇인지도 모르기 때문에 제대로 변화할 수도 없다. 타인의 눈치를 보며 그저 변화하는 시늉만 낼 뿐이다. 바람 부는 대로 떠내려가는 부평초처럼 상황에 마구 흔들린다. 뒤처지기라도 하면 자신을 지켜주지 못하는 사회와 조직을 원망하기도 하고, 치고 올라오는 젊은 친구들의 흠을 찾아 욕을 하기 바쁘다.

학창 시절부터 거대한 사회의 족쇄에 대한 반항심이 가득했기 때문일까. '변화에 대한 도전'은 나의 인생, 그 자체가 되었다. 세상의 변화로 인해 생겨나는 새로운 경험들이 즐겁기까지 했다. 깨어 부수고 싶었던, 우리를 둘러싸고 있던, 꽉 막혀 있던 고정관념들이, 하나씩 깨지는 것을 보면서 때론 희열을 느끼기도 한다.

40대에 접어들어 나는 오히려 청춘의 20대 때보다 더 큰 꿈을 그려가고 있다. 직장인으로서 규정된 나의 모습이 아닌, 더 큰 세계 무대에서 활약해가는 나를 마음껏 상상하며 그 기분을 만끽하고 있다. 설레는 마음으로 도전해가면서, 꿈을 구체적으로 실현하기 위한 새로운 기회들이 보이기 시작했다. 족쇄를 걷어낸, 나 자신이 어디까지 성장할 수 있는지 진심으로 나도 기대가 된다.

평범한 길은 누구나 갈 수 있다. 그러나 아무도 예상치 못한 방향을 택하거나 남과 다른 방식을 시도해볼 때, 세상이 만들어놓은 규칙에 의문을 품을 때, 뛰어난 성과가 나타나는 경우가 많다. 안전한 길에 머무는 것이 물론 더 쉽다. 그러나 조금만 시각을 바꿔보면, 우리 바로 앞에 기다리고 있는 놀라운 세계를 발견하는 일이 얼마나 흥미진진한지 깨닫게 될 것이다.

규칙에 의문을 품을 수 있다는 사실을 인식하고 나면 우리에게는 엄청난 힘이 생긴다. 이미 닦여 있는 기존의 길은 우리가 택할 수 있는 수많은 길 중 하나일 뿐이다. 우리는 보편적인 방식을 따르고, 대부분 사람이 다니는 넓은 도로를 달리고, 앞에 간 선임자들의 뒤를 따를 수도 있다. 하지만 고정관념에 도전하겠다고 마음먹는 순간, 주변의 기대에서 벗어나겠다고 마음먹는 순간, 우리 앞에는 무수히 많은 길이 보이게 된다.

"가장 강하고 가장 영리한 종이 살아남는 것이 아니라 변화에 가장 적극적으로 반응하는 종이 살아남는다"라고 말한 찰스 다윈(Charles Robert Darwin)의 지적은 지금도 유효하다.

안전지대에서 나오는 것을, 고정관념에서 벗어나는 것을 두려워하지 않아야 한다. 진부하고 흔한 아이디어를 뒤집어보는 것을 두려워하지 말아야 한다.

자신의 한계를 스스로 결정짓지 말고, '모두 해낼 수 있다'라고 정하고 도전했으면 한다. 그러한 각오가 섰을 때, 내 안에 잠들어 있는 거인을 깨울 수 있다. 생각 변화를 통해 삶에서 큰 성취를 이뤄낼 수 있다.

과감히 상상하고 선을 넘어보자. 불확실한 세상에서 모든 것은 기회가 될 수 있다. 우리가 써 내려가고 있는 이야기의 주인공은 바로 '나'다.

본질에
집중하라

'내가 하는 일이 도대체 무슨 의미일까?'
'내가 도대체 왜 이 일을 하고 있지?'

삶이 재미없다고 이야기하는 사람들이 주변에 많다. 그것은 아마 위의 이 두 가지 질문에 제대로 답변하지 않은 채 살아왔기 때문일 것이다.

'나에게 가장 중요한 건 무엇일까?'

우리는 이 질문을 처음부터 해야만 한다. 그렇지 않으면, 별로 중요하지 않은 곳에 시간만 낭비하게 된다.

대부분 어릴 때부터 부모님 또는 선생님으로부터 칭찬을 받거나 혼나지 않기 위해 공부했다. 나이를 먹고 나서는 성적을 위해, 졸업을 위해, 취업을 위해, 성공을 위해 공부했다. 그러니 공부는 항상 재미가 없었다. 새로운 것을 알아간다는 호기심으로 공부했다면 더욱 공부가 재밌었을 텐데 말이다.

숙제이기 때문에, 독후감을 쓰기 위해 열심히 책도 읽었다. 읽고 싶지 않은 책을 억지로 읽다 보니, 책이 싫어졌다. 대부분 졸업하고 직장에 들어가면 자연스레 책을 멀리한다. 그냥 책을 읽었다면 어른이 되어서도 재밌게 읽었을 것인데….

직장에 들어와보니 많은 동료가 소통 능력을 끌어올리기 위해 고민하고 있었다. 누군가는 대화법 기술에 관한 책을 읽고 연습하기도 한다. 하지만 연습 이전에, 대화란 무엇이고 나는 왜 대화를 하는가에 대한 질문이 먼저 필요하다. 대화는 나의 위대함을 알리기 위한 연설이 아니며, 이기고 지는 것이 주요한 법정에서의 논쟁도 아니다. 대화는 서로에 대해 이해하면서 함께 하는 것임을 알게 된다면, 본질은 진심의 연결이라는 것을 알게 된다. 그러면 진심으로 듣기 위해 다가가 귀를 열 수 있다. 그러면 대화의 기술을 따로 배우지 않더라도 자연스레 대화의 목적을 달성할 수가 있다.

본질이란 근본적인 성질, 본바탕을 의미한다. 본질은 그것 그 자체이며, 가장 중요한 핵심이라고 할 수 있다. 하지만 이 세상은 본질보다는 최상의 결과를 얻기 위한 방법론으로 가득하다. 결과와 방법 모두 중요하지만, 우리는 살아가면서 가장 근본적인 '본질'에 대한 질문을 먼저 던져야 한다. 그렇지 않으면 중요한 것을 놓치고, 쓸데

없는 곳에 시간을 허비하게 된다. 도대체 그것은 무엇이고, 왜 그런가에 대한 본질적인 깨달음이 무엇보다 중요하다.

한창 취업을 준비할 때, 취업사이트에 들어가면 상담 게시글에 많은 댓글을 볼 수 있었다.

"학점은 관리하셨나요? 자격증은 몇 개 가지고 있나요? 영어점수는 어떻게 되죠? 어학연수는 다녀왔나요? 공모전 수상 이력은 있으신가요?"

끝도 없이 준비해야 할 목록들이 쏟아졌다. 왜 내가 하고 싶지 않은 공부를 해야 하는지 잘은 모르겠지만, 남들이 그렇다고 하니까 분위기에 압도당했다. 취업 고민을 덜고자 사이트에 방문했다가, 좋은 스펙을 갖춘 친구들과 비교당하며 고민만 더 늘었던 기억이 있다.

시간은 흘렀지만 지금도 상황은 크게 다르지 않은 것 같다. 언제나 사회의 골칫거리인, 높은 청년 실업률 때문에 취업 문을 뚫기 위한 경쟁이 치열하다. 조금이라도 더 앞서기 위해 스펙 갖추기에 여념이 없다.

이따금 자격증만 수십 개 가지고 있는 친구들도 보게 된다. 하지만 자격증은 전혀 사용하지 않는다. 효용 없이 자격증을 취득하는 그 자체로 만족한다. 뭐라도 해야 불안감을 떨쳐낸다는 기분이 들기 때문이기도 하겠다.

기업을 둘러싼 환경은 더욱 급변하고 있다. 디지털 혁명, 글로벌

화, 새로운 비즈니스 모델 등의 등장은 기업들이 전통적인 경쟁 방식을 넘어 새로운 전략을 모색해야 함을 의미한다. 이에 기업은 창의적 사고력을 갖추며, 문제해결 능력을 갖춘 인재를 원하고 있다.

이전에는 '저는 이런 학교를 나왔고, 성실하게 잘 살아왔습니다. 가르쳐주면 열심히 하겠습니다'라며, 자기의 잠재력을 보여주는 것이 중요했다. 회사는 그러한 잠재력을 갖춘 인재를 선발하면서, 사내에서 육성해왔다.

하지만 산업간 경계가 무너지고 경쟁이 치열해지면서 더 좋은 조건을 찾아 직원들의 이직이 잦아지기 시작했다. 그러면서 채용 환경도 바뀌기 시작했다. 기업은 많은 교육비를 투자해 인재를 육성하는 것이 아닌, 바로 실전에 투입할 수 있는 인재를 원하기 시작했다. 대규모 공개채용을 폐지하고, 실전 인재를 찾기 위한 상시 채용 제도를 도입하기 시작했다. 직무기술서에 부합하는 역량이 갖추어져 있지 않다면, 입사서류도 넣어보지 못한다.

이런 상황에서 자신이 가진 역량을 보여주고, 경험을 자산으로 바꾸는 것이 매우 중요해졌다. 과거에는 학교나 회사에서 경험을 만들어주었지만, 이제는 알아서 준비해오라고 하니 물론 현실이 가혹하게 느껴질 수도 있다. 하지만 불평한다고 해서 바뀌는 것은 없다. 모든 것이 개인의 몫으로 남겨졌다. 개인의 역량이나 성장, 실력과 경력에 대해 스스로 책임져야 한다.

문제는 '어떤 회사에서 일할지 모르는데 준비를 어떻게 해가야 하는가'다. 산에 간다면 침낭을 준비해야 하고 바다에 간다면 부표를 준비해야 한다. 그런데 목적지 없이 어디든 간다고 생각하면 준비할 것이 너무 많아진다. 어디를 가야 하는지 모르면, 준비에 끝도 없는 투자를 해야 한다. 항상 뭔가 미달이 된 사람처럼 느껴진다. 계속해서 불안감만 증폭된다.

이전처럼 이것저것 준비해서는 승산이 없다. 이제는 내가 어떤 것을 연구하고 싶은지 결정해야 한다. 나의 본질, 내가 중요하게 생각하는 것이 무엇인지 진지하게 질문하고 답변해야 한다. 명확하게 해야만 한다. 본질에 집중할 때 자기가 가야 할 목적지가 보인다. 목적지가 보이기 때문에 거기까지 가기 위한 항로가 보이기 시작한다.

자신의 본질을 묻지 않고 조급한 마음에 이것저것 하게 되면 망망대해에서 힘이 빠지게 된다. 자기가 좋아하는 것에 몰입하게 되면, 에너지를 그쪽에 쏟기 때문에 다른 쪽에는 그만큼의 에너지를 쓸 수가 없다. 우리가 해야 할 일은, 전 과목에 힘을 쏟는 것이 아니라 자기의 주 종목, 본진으로 어떤 것을 깊게 파고들지를 고민하는 것이다.

세상은 하루가 다르게 변화하고 있다. 이는 우리의 생활과 사고방식을 급격히 변화시키고 있다. 이러한 상황에서 우리는 자칫 본질을 잊고, 표면적인 것들에만 매몰되기 쉽다. 화려한 외모, 최신 유행, 빠른 성과 등 겉으로 드러나는 것들에 치중하다 보면 본질을 놓치기 쉽다. 표면적인 것들은 시간이 지나면 사라지기 마련이다.

하지만 본질에 집중하면 아무리 시대가 급격히 변하더라도 우리는 목적지를 찾을 수 있다. 더 깊이 있는 성찰과 지속적인 성장을 이룰 수 있다. 주변 환경에 휘둘리지 않을 수 있다. 진정한 성장은 본질에 집중할 때 이루어진다.

03
불확실한 미래를 선명하게 만드는
미래 설계법

갑갑했던 입시지옥에서 벗어나 처음 대학교에 들어왔을 때의 그 흥분을 아직 잊지 못한다. 항상 짜여 있던 시간표대로 움직였는데, 대학교에서는 내가 듣고 싶은 과목을 선택하고 자유롭게 시간표를 설계하라고 하니 이런 신세계가 따로 없었다. 내가 스스로 선택할 수 있는 폭이 넓어지니 세상이 달라보였다.

막상 자유가 주어지니, 처음에는 무엇을 어떻게 해야 할지 잘 몰랐다. 하지만 오랜 속박에서 벗어나 자유를 만끽하는 그 순간이 너무 행복했다. 그 당시 많은 친구처럼 내일은 생각하지 않고 순간을 마음껏 즐겼다.

그렇게 후회 없이 놀다 보니, 학점은 예상대로 거의 바닥을 쳤다. 자유를 남용함에 따른 대가를 제대로 치른 것이다. 기대는 하지 않았지만, 막상 성적표를 받아보니 마음은 씁쓸했다. 모든 선택에 대한 책임은 스스로 져야 한다는 것을 확실히 알게 되었다.

그때부터 미래에 대한 불안감이 싹트기 시작했다. 전공은 과연 나의 적성에 맞는지, 어떻게 인생을 설계해나가야 할지 막막했다. 그렇게 원했던 자유가 주어졌지만, 선택에 대한 책임을 스스로 져야 하기에 혼란스러웠다. 망망대해에 홀로 있는 기분이었다.

그럴 때 학교 동아리의 한 선배를 알게 되었다. 동아리 회장으로서 많은 행사를 쳐내며 바쁘게 동아리를 운영해가면서도, 한 사람 한 사람을 잘 보듬어갔다. 아니 그런데 학업에서도 과 수석을 차지하며 매번 장학금을 받는 것이 아닌가. 살면서 내가 처음으로 닮고 싶다는 생각이 드는 사람이었다.

그때부터 유심히 그 선배를 관찰하기 시작했다. 선배는 굉장히 자기 절제가 강했다. 주변의 유혹에 전혀 흔들리지 않았다. 자신의 비전과 목표가 명확했고, 매일 새벽 도서관에 1등으로 출석 도장을 찍으며 학업에 철저했다. 그러면서도 공부로 얻지 못하는 세상은 동아리 활동을 통해 경험하고 체득하고 있었다. 그런 선배와의 대화는 항상 나를 성숙하게 했다. 미처 내가 깨닫지 못했던 부분을 나 스스로 자각하게 만들어주었고, 나는 한층 정신적으로 성숙해짐을 느꼈다. 선배는 사물의 본질을 깊게 볼 줄 알았고, 대화의 깊이가 남달랐다.

나는 그 선배를 나의 대학 생활 롤모델로 정했다. 군 제대 후, 불확실한 나의 미래를 선명하게 만들기 위해, 선배가 실천하고 있는 방식을 나도 그대로 적용하고자 했다. 사물의 이면과 본질을 볼 수 있는 성숙함, 그리고 자기 절제력을 배우고도 싶었다.

선배가 그랬듯, 나도 내가 어떤 인생을 살아가고 싶은지 먼저 그려봤다. 졸업 후 가고 싶은 회사가 나를 정의하는 것이 아니라, 어떠한 삶을 살아가는 것이 나의 본질과 가장 맞는지 고민하고 또 고민했다. 그리고 그것을 한 문장으로 담기 위해 고민했다.

'청춘들에게 용기와 희망을 주는 삶.'
'한 번밖에 없는 인생, 소신껏 살아가는 삶.'
'영감을 주는 삶.'

나는 내가 꿈꾸는 삶을, 내가 가장 가슴 설레는 단어로 명확하게 했다. 그리고 그러한 비전과도 같은 삶을 살아가기 위한, 인생 마디마디의 목표들을 깊게 고민했다. 올해의 목표를 포함해 향후 3년 내 이뤄내야 할 목표까지 하나하나 수첩에 적어두었다. 그 목표를 달성하기 위한 세부 과제는 수십 가지가 나왔다.

나의 비전과 목표, 과제가 담긴 수첩은 매일 나의 가슴속에 품었다. 아침에 눈 뜨자마자, 등하교 지하철 안에서, 공강 시간, 저녁에 잠들기 전, 틈날 때마다 수첩을 보며 목표를 상기했다. 꿈이 이루어진 나의 모습을 행복하게 상상하며 수없이 자기 확언을 해갔다.

'나는 반드시 꿈을 이루고 만다. 나는 세상의 주인공이다. 나는 할 수 있다.'

성취를 위한 동기를 가지고 강제로 스텝을 밟아나가면 잘 지켜지기 힘들다. 중간에 포기할 가능성이 커지게 된다. 그러나 자신이 좋아하는 것을 선택한다면 저절로 다음 단계로 나아가진다.

나는 내가 세상의 주인공으로 활약할 미래를, 잠재의식 속에 계속해서 새겼기에 모든 공부와 도전들이 어느 순간, 생생하게 살아 움직이기 시작했다. 목표를 달성하기 위한 과제들이 전혀 힘들지 않게 되었다. 공부도 단순히 학점을 잘 받기 위한 것이 아닌, 내 꿈을 위해 큰 기반이 된다고 생각하니 그때부터 공부가 정말 재미있었다. 공부에 몰입하는 시간이 많아지다 보니, 자연스레 학점도 잘 받게 되었고 성적 장학금도 받기 시작했다. 출발하는 방향이 먼저이지 방법이 먼저가 아닌 것이다.

무엇보다 나의 비전과 일치된 도전을 계속해서 해나가면서 나는 내면을 깊이 바라볼 수 있게 되었다. 내가 어떤 잠재력을 지니고 있는지 알기 시작했다. 잠재력을 발현하는 것은 우리의 강점을 최대한 활용하는 것을 의미한다. 이는 우리의 삶을 더 풍요롭게 하고, 성취감을 느끼게 하며, 자존감을 높여준다. 이는 단순히 성공을 위한 전략이 아니라, 자신을 더욱 잘 이해하고 조화롭게 살기 위한 방법이다.

어느덧 마흔을 넘어, 인생을 되돌아보니 그때의 대학 동아리 선배 덕분에 나는 후회 없는 대학 생활을 보낼 수 있었다. 전공 공부로 방황했던 내가 결국 성적 우수 졸업자들에게 부여되는 금색 리본을 졸업증에 새길 수 있었다. 그리고 그 선배처럼 동아리를 이끌면서, 많은 후배에게 고민을 상담해줄 수 있는 선배가 될 수 있었다. 청춘 시절 그렸던 꿈을 기반으로 지금은 더욱 큰 꿈을 그리며 살고 있다.

선배를 통해서 인생에서 승리할 수 있는 원칙을 확실히 배웠고, 그 원칙들은 지금까지도 나의 인생에 큰 영향을 미치고 있다.

우리 인간은 배우면서 자신의 능력을 키워간다. 그래서 꿈의 나침반이 되어주는, 롤모델을 선정하는 일은 인생에서 매우 중요하다. 어떤 사람을 본받으려 노력하는가에 따라 인생이 달라질 수 있다. 배우고 본받고 싶은 사람을 멘토라 불러도 좋고 스승이라고 불러도 좋다.

그 나침반은 우리의 꿈에 다가가기 위한 지름길을 안내할 것이다. 롤모델을 본보기로 삼아 태도, 행동, 장점 등을 흡수하고 닮아감으로써 우리가 목표한 것에 더욱 빨리 다가갈 수 있기 때문이다.

남들보다 앞서 나가는 사람, 나아가 사회에서 두각을 나타내는 사람 곁에는 어김없이 최고의 스승이 있다. 자신이 바라는 눈부신 미래를 실현하기 위해서는 자신을 이끌어줄 존재가 반드시, 필요한 것이다. 인생의 긴 여정 속에서 길을 헤매지 않도록 중요한 것을 가르쳐주는 사람이 참된 스승이라고도 할 수 있다. 자신만의 스승을 가진 사람은 성공을 향한 특별한 선물을 손에 쥐고 있는 셈이다.

서양 미술 역사에서 가장 위대한 화가 중 한 사람인 빈센트 반 고흐(Vincent van Gogh)의 스승은 밀레(Jean Francois Millet)였다. 고흐는 살아

생전 밀레를 단 한 번도 본 적이 없었다. 그런데도 밀레를 평생의 스승으로 삼았다고 한다. 고흐는 밀레의 예술 세계뿐만 아니라 태도까지 닮으려고 애를 썼다. 그는 밀레의 그림을 끊임없이 모사했으며, 한 발짝 더 나아가 자기 스타일로 조금씩 승화시켰다. 시간이 지나면서 고흐는 자신만의 예술 세계를 확실히 구축하게 되었고, 결국 밀레를 뛰어넘는 위대한 화가로 칭송받게 되었다.

스승은 어디서든 발견할 수 있다. 학교 선배나 직장 선배, 또는 영상 속의 강연자, 좋아하는 책의 저자도 스승이 될 수 있다. 한국에서 유료광고가 게재되는 유튜브 채널이 5만 개가 넘는다고 하는데 그곳에서도 스승을 발견할 수 있다. 직접 만나고 아니고는 크게 중요하지 않은 것이다.

나에게는 일거수일투족을 닮고 싶었던 동아리 선배가 나의 훌륭한 스승이었던 셈이다. 그 당시 그 선배가 없었다면, 나는 더 많은 시간을 방황했을 것이다. 아니 지금의 내가 없을 수도 있다. 선배를 통해서 배웠던 명확한 인생의 비전과 방향 설정, 그와 일치된 목표를 세밀하게 수립하는 방법은 그 당시 나로서는 가히 혁신적이었다. 그렇게 인생을 설계하는 방법을 지금도 계속해서 실천해오고 있다. 그러면서 청춘 시절 꿈꾸었던 나의 꿈은, 선명하게 지금 나의 현실로 나타나고 있다.

청춘들에게 용기와 희망을 주기 위한 격려의 글을, 오늘도 혼을 다해 써가면서….

익숙한 것과
결별하라

"What do you think about Islamic culture?"

(이슬람 문화에 대해서 어떻게 생각하니?)

영어회화 수업에서 원어민 선생님이 나에게 질문했다.

"저는 전 세계 곳곳에서 테러를 일삼는 이슬람 국가가 싫습니다. 그래서 그들의 문화에 대해서도 거부감이 드는 것도 사실입니다."

나는 평소와 같이 내 의견을 밝혔다.

그때 순간적으로 원어민 선생님의 표정이 일그러졌다. 영국 원어민 선생님이셨는데, 알고 보니 아버지는 이슬람 계통으로 어릴 때부터 이슬람 문화의 영향을 많이 받고 자랐던 것이었다.

그때 선생님은 딱 한마디 말씀하셨다.

"The world you see may not be everything."

<small>(너희들이 보는 세계가 사실은 다가 아닐 수 있어.)</small>

나는 망치로 머리를 한 대 맞은 듯했다. 나는 평소 모든 언론을 통제하며 사람들에게 주입하고 싶은 것만 선별해서 방송하는 공산권 국가들을 혐오했다. 하지만 어쩌면 우리도 제한된 정보만 접하며 우리의 틀에 사로잡혀 있었을 수도 있다. 국익에 따른 한쪽 진영 국가들의 편에 서서 그들을 혐오하게 만드는 정보만 제공받음으로써 균형적인 시각이 아닌, 그릇된 편견을 가질 수도 있었다.

원어민 선생님은 이웃들과 축제를 즐기는 이슬람 사람들의 사진을 여러 장 보여주었다. 사진 속의 해맑은 표정의 모습들은 내가 알던 증오에 가득 찬 테러리스트가 아니었다. 아니, 우리와 똑같은 이웃이었다.

나는 스스로 균형적인 시각을 갖고 지금까지 깨어 있다고 생각했지만, 사실 나는 우물 안 개구리였던 것이다. 주어지는 정보들을 검증 없이 받아들였고, 더 넓은 세계가 있다는 것을 굳이 알려고도 하지 않았다.

그때부터 나는 내가 고정관념에 사로잡혀 사물을 그릇되게 보는 것은 아닌지 끊임없이 나를 되돌아봤다. 그런 점에서 아침 원어민 선생님과의 수업은 매번 나의 껍질을 부수는 과정이었다. 좁은 땅 우리나라만의 시각이 아니라, 전 세계의 시각으로 바라다보니 점차 나의 세계가 크게 열리는 것을 느꼈다.

　우리 인간은 본능적으로 익숙한 것에 안주하려는 경향이 있다. 익숙한 것은 안정감과 편안함을 제공하며, 예측이 가능한 일상을 만들어 준다. 그러나 이러한 안정감은 우리의 잠재력을 억제하는 요인이 될 수 있다. 익숙한 것에 안주하면 새로운 경험과 기회를 놓치게 된다.
　나에게는 매일 새벽 영어학원에 다니는 그 자체가 삶의 익숙함을 벗어던지고 새로운 세계를 향해 도전하는 과정이었다. 당장 영어회화가 필요해서 수업을 듣는 것도 아니었다. 원어민 선생님과의 대화를 통해 새로운 시각과 넓은 세상을 맛보면서 나의 세계관이 넓어지는 것을 느꼈기 때문이다. 매일 다양한 주제를 허심탄회하게 이야기를 나누면서 나는 한 번도 생각해보지 않았던 사물의 이면도 깊이 생각하게 되었다.
　또한 새벽반 수업을 들으면서 다양한 업종에서 일하는 긍정적이고 밝은 기운이 넘치는 사람들을 만나게 되었다. 이미 자기 자신과의 싸움, 아침잠을 이겨내고 수업에 참여하는 사람들이기에 그 사실 자체로서 서로 통하는 무엇인가가 있다. 서로 배울 점이 많았다. 은행 지점장, 중소기업 대표, 의사, 은퇴한 대학교수도 있었다. 그분들과 같은 학생으로 인연을 맺으면서 삶이 무척 풍성해진 느낌이었다.

　회사에서는 다양한 사람들을 만나게 된다. 안타까운 것은 대부분 나이를 먹어감에 따라 조그만 변화에도 몸서리를 쳤다. 우리 회사뿐만 아니라 친구나 지인들 말을 들어보면 대부분 회사가 상황만 달랐지 비슷했다.

무엇이라도 새롭게 시도하려 하면, 변화를 원하지 않는 사람들로부터 저항이 극심하다. 익숙해져 편안하게 회사생활 하는데, 굳이 분란을 일으킨다며 변화의 당사자는 욕을 먹는다. 하지만 변화를 원하지 않는 사람들은 자기 것만 지키기에 바쁘다. 그런 사람들이 많아질수록 회사는 점점 정체되고 인재들은 회사를 떠나게 된다.

직장생활 15년 차로 주변을 살펴보니, 정체되는 사람들은 어느 순간 배움을 멈추고 있다는 공통점이 있었다. 그들도 처음부터 그렇지는 않았을 것이다. 나이가 들어감에 따라 개인적으로도, 사회적으로도 책임져야 할 일이 많아지기 시작한다. 삶의 풍파로 인생이 송두리째 흔들리기도 한다. 그러다 환경에 굴복당하고 그저 시간의 흐름에 몸을 맡기며, 오늘만 살게 되는 것이다. 익숙하고 편안한 일만 찾으며 '오늘만 아무 일 일어나지 않았으면' 하는 바람으로….

인간은 변화와 도전을 통해 성장할 수 있는 존재다. 익숙한 것에만 안주한다면, 개인의 성장과 발전은 없다. 직장에서 새로운 프로젝트를 맡거나 새로운 변화를 받아들이는 것에 대한 과도한 '두려움'은 우리의 성장을 막을 수 있다. 익숙한 인간관계에만 의존하다 보면 다양한 사람들과의 교류를 통해 배울 수 있는 기회를 잃게 된다.

익숙한 것과 결별하는 것은 새로운 도전과 성장을 위한 첫걸음이다. 새로운 환경과 경험은 우리의 시야를 넓히고, 창의력을 자극한다. 또한 풀리지 않던 문제에 대한 해답을 발견할 수도 있다. 새로운 도전 속에서 우리는 자신의 강점과 약점을 더 잘 알게 되며, 이를 통해 자신을 더욱 잘 이해하게 된다.

나도 마흔 줄에 접어든 지금, 내 모든 익숙한 편안함을 던지고 새로운 인생의 도전을 시작하고 있다. 나는 지나간 많은 선배처럼 똑같은 전철을 밟기는 싫었다.

나는 후배들에게도 항상 노력하는 사람으로, 소신껏 자신의 길을 묵묵히 걸어가는 귀감이 되는 선배가 되고 싶었다. 진심으로 후배들의 성장을 응원해주는 등대와 같은 자신이 되고 싶었다.

그래서 지금이 아니면 안 되었다. 나의 이야기를 본격적으로 세상에 펼쳐가기로 선언하고, 책을 쓰기 시작했다.

그때부터 나의 잠재력이 깨어나는 것을 느낀다. 온 마음과 정신이, 이 세상과 강하게 연결되어 있음을 느낀다. 이루고 싶은 꿈을 상상하고 꿈을 이룬 내 모습을 감정으로 느끼게 되면, 우주가 그 순간 원하는 것을 만들어준다고 한다. 책을 쓰면서 그러한 법칙들을 몸소 체험하고 깨닫고 있다.

세상이 달라보이기 시작했다. 내가 변화의 주체로 세상을 향해 나아가니, 나를 둘러싸고 있는 주변 환경이 기회로 가득 차 있었다. 그리고 우리의 상상과 꿈을 가로막는, 거대한 장막도 동시에 볼 수 있었다. 많은 사람에게 둘려져 있는 보이지 않는 장막을 알려주고, 그들과 함께 장막을 거두어가리라 다짐했다. 모두가 자신의 빛을 환하게 내면서 따뜻하고 희망이 넘치는 세상을 상상한다.

나는 확실히 달라지고 있었다. 깊은 확신과 자신감이 내면에서 솟구친다.

익숙한 것에서 벗어나는 과정은 결코 쉬운 일은 아니다. 그러나 그것은 우리의 삶을 더욱 풍요롭고 의미 있게 만드는 중요한 과정이다. 친구와의 관계에서도 항상 익숙한 사람들 하고만 어울린다면 새로운 시각과 경험을 얻는 것에 한계가 있다. 하지만 각기 다른 배경과 경험을 가진 사람들과의 교류는 우리가 이전에 생각하지 못했던 새로운 아이디어와 관점을 얻을 수 있게 도와준다. 나 자신도 다른 문화권의 원어민 선생님과의 교류를 통해 나의 한계를 더욱 확장시켜갔던 것처럼, 다양한 문화권의 친구들과 만남도 자신의 성장에 있어 꼭 필요하다.

익숙한 것과 결별을 두려워하지 말고, 과감하게 우리의 삶을 변화시켜 보자. 생각지도 않은 곳에서 우리의 잠재력을 발견할지도 모를 일이니.

인연, 어떤 사람을
만날 것인가?

누구나 매력적인 이성과 만남을 희망한다. 어떻게 보면 우리 인생에서 가장 중요한 과제 중 하나가 '어떤 사람을 만날 것인가'라고도 할 수 있다. 많은 청춘이 어떤 사람이 자신과 가장 어울리고 좋은 인연이 언제 닿을 수 있는지 궁금해한다.

수많은 연애 관련 서적, TV 프로그램, 자극적인 소재의 유튜브 채널이 쏟아지는 것을 보면, 확실히 사랑과 연애와 관련된 주제는 사람들의 깊은 관심을 받는다. 어떤 사람을 만나는가에 따라 우리의 행복과 삶의 질에도 큰 영향을 받기 때문일 것이다.

연애의 시작은 늘 설렘으로 가득하다. 첫 만남의 긴장감, 서로를 알아가며 느끼는 두근거림 등은 연애의 초기에만 느낄 수 있는 특별한 감정들이다. 이 설렘은 우리에게 생기를 불어넣고, 일상의 단조로움에서 벗어나 새로운 세계로 인도한다.

연애는 단순히 두 사람의 만남을 넘어서, 서로의 삶에 깊이 스며들어 변화와 성장을 만들어내는 과정이다. 상대방의 취향, 가치관, 꿈과 두려움을 이해하며, 서로에 대해 더 깊이 알아갈수록 관계는 더욱 단단해진다. 이 과정에서 타인의 관점을 배우고, 우리의 시야를 넓히며, 더욱 성숙한 사람이 되어간다.

결국 진정한 연애는 서로의 삶에 긍정적인 영향을 미치며, 함께 성장하는 데 있다. 서로의 부족함을 채워주고, 힘들 때 의지할 수 있는 존재가 되어주려 노력해간다. 이러한 연애를 통해 사랑의 진정한 의미를 깨닫게 된다. 사랑은 단순한 감정이 아니라, 서로를 위해 희생하고, 배려하며, 함께 미래를 꿈꾸는 것이라는 걸 알게 된다.

20대 청춘 시절, 많은 친구가 '사랑의 열정'으로 웃고 울었다. 군대 훈련소에서 한 동기는 연락이 되지 않는 여자친구 때문에 매일 울며 괴로워했다. 친한 대학교 친구는 자신의 진심을 받아주지 않는 상대방 때문에 답답함을 호소하며 매일 나와 대화를 나누면서 마음을 풀었다. 한 친구는 고백에 성공했다며 매우 행복해했지만, 얼마 가지 않아 서로의 가치관 차이로 헤어질지 말지 고민했다.

어쨌든 청춘 시절, 진정한 사랑의 의미를 배우고 스스로 성숙해질 수 있다면 그 어떤 경험이든 가치가 있다. 설사 연인과 헤어지더라도 미래의 진정한 사랑을 만나기 위한 소중한 경험이 될 수 있으니 말이다.

생각해보면 나는 친구들의 이야기를 많이 들어줬지만, 정작 나의 연애에 대해서는 매우 서툴고 신중했던 것 같다. 스스로 생각하기에 성숙한 연애를 할 만큼 준비가 되지 않았고, 내가 정한 청춘의 과제가 많았기에 마음에 드는 이성이 나타나도 마음을 꾹 눌렀던 것 같다.

그 당시의 내 모습을 한번씩 생각하면 미소가 지어지기도 한다.

'아니, 그렇게 좋아하는 사람에게 다가갈 용기와 자신감이 없었단 말이야?'

그래도 나는 왠지 모를 확신이 있었다. 나 자신이 바로 서 있으면, 나와 가장 잘 어울리는 인연을 반드시 만날 수 있다고…. 나의 인연이 미래에서 기다리고 있다는 것을 믿었다.

나의 꿈과 목표가 기록된 개인 수첩에 어떤 미래의 배우자를 만나고 싶은지 최상단에 적어두었다.

'서로의 꿈을 언제나 믿고 응원하며, 존중해줄 수 있는 영혼의 단짝 만나기'

나는 청춘의 도전을 이어가면서, 때론 쓰러지며 힘든 순간도 많았다. 외로웠다. 하지만 다른 사람과의 만남을 통해 외로움을 해소하고 싶지 않았다. 외롭다는 것은 나를 단단하게 만드는 시간을 보내고 있다는 뜻이다. 외로운 순간들을 이겨내면, 내 꿈에 한 발짝 다가설 것이란 확신으로….

28세, 나는 내가 꿈꾸던 회사에 입사했다. 많은 선배와 후배들로부터 축하를 받았다. 그러면서 선후배들이 좋은 사람을 소개해준다 며, 만남을 주선해주었다.

하지만 곧 그러한 자리들이 불편해지기 시작했다. 소개팅에 나온 상대방은 나보다는, 내가 가진 조건이 무엇인지에 더 관심을 가졌 다. 자리에 나온 여성분들의 직업과 조건은 대체로 모두 좋았지만, 나는 미래를 함께 개척할 수는 없을 것 같았다. 결혼 적령기가 되면 이것저것 조건을 따지며 손해 보지 않으려는 마음이 이해되면서도, 조금은 씁쓸했다. 마치 서로 간의 사랑보다는 거래 관계 같은 느낌 이 더 강하게 들었다. 그러한 조건들이 영원한 것도 아닌데, 조건만 보고 사람을 만난다면 과연 행복한지 의문이 들었다.

사람 간의 관계에서 가장 중요한 것은 서로의 진정한 마음, 그리 고 상호 존중과 이해라고 할 수 있다. 진정한 마음을 가진 사람과의 관계는 서로에 대한 깊은 신뢰와 애정을 바탕으로 한다. 이런 관계 는 어려운 시기에 서로를 지탱해주는 힘이 되며, 함께 성장할 수 있 는 기반이 된다.

사랑도 마찬가지다. 진정한 사랑은 조건에 구애받지 않는다. 그것 은 상대방을 그 자체로 사랑하고, 함께 있는 것만으로도 만족할 수 있는 감정이라고도 할 수 있다. 조건을 따지지 않는 사랑은 더 깊고 진실하며, 어려운 시기에도 변하지 않는 힘을 가지고 있다. 진정한 사랑은 서로를 위해 희생하고, 배려하며, 함께 성장하는 과정에서 더욱 빛이 난다.

생텍쥐페리(Antoine de Saint Exupery)는 다음과 같이 말했다.

"사랑은 두 사람이 마주 보는 것이 아니라 함께 같은 방향을 바라보는 것이다."

세상 물정을 잘 모른다고 욕을 먹을지라도 나는 순수하고 진정한 사랑을 찾고 싶었다. 같은 방향을 바라볼 수 있는 내 영혼의 단짝을 찾고 싶었다.

사랑을 찾아 방황하는 대신, 내가 그러한 단짝을 끌어당길 수 있는 강한 자석이 되기로 했다. 직장에 들어갔지만, 청춘 시절의 도전만큼 더욱 나를 갈고 닦아 나가기로 마음먹었다. 이따금 쓸쓸한 마음들은 그 당시 유행했던 싸이월드 미니홈피 일기장에 기록하기도 했다. 마음 한편에는 '훗날 내 단짝이 보겠지?'라는 생각도 있었다.

군대 가기 전, 대학교 동아리 활동을 하면서 새내기로 알았던 여자 후배 한 명이 있었다. 그 후배는 뭔가 남들과 달랐다. 본인만의 꿈이 확실했고, 철학이 있었다. 나이는 한 살 어렸지만, 정말 존경할 부분이 많았다. 집 방향이 같아서 종종 지하철을 같이 타고 가며 많은 이야기도 나누며 친해졌었다. 그 후배랑 이야기를 나누면 마음이 따뜻해지고 용기가 생겼다.

나는 그 후 군대에 갔고, 후배는 졸업 후 미국으로 떠나면서 자연스레 연락은 끊겼다.

여느 때처럼 바쁜 회사생활 속에, 그날만큼은 여유가 넘쳤다. 갑

자기 옛 대학교 때 추억도 생각나면서, 대학생 시절 사용했던 메일 계정을 정리해보고자 메일함을 열었다.

'앗! 이게 누구지?'

순간 깜짝 놀랐다. 거의 십여 년 만에 보이는 반가운 그 이름. 대학교 때 그 후배의 메일이 와 있었다. 메일을 찬찬히 읽으며 놀라움을 금치 못했다. 내가 가르쳤던 고등학생 혁이가 미국으로 유학하러 가게 되었는데, 미국에서 일하고 있던 그녀와 우연히 연결되었다. 미국 생활 적응을 돕기 위해 혁이와 밥을 한 끼 했는데, 갑자기 혁이가 내 이름을 이야기했다는 것이다. 그것도 뜬금없이…. 너무 반가운 마음에 무작정 이메일을 보냈단다.

서로에게 기가 막힌 타이밍에 서로의 인생에 자연스럽게 등장해주는 것. 그래서 서로의 의미가 되어주는 것이 인연이다.

그때부터 그녀와 자주 메일을 주고받았다. 그녀와의 메일은 내 청춘 시절을 위로받는 것 같았다. 나의 모든 꿈을 응원해주며, 격려해주었다. 나는 그녀가 내가 그토록 찾던 영혼의 단짝이 아닐까 하는 생각이 들기 시작했다.

어느 날, 후배가 미국 생활을 접고 한국에 오겠다는 연락이 왔다. 운명처럼 느껴졌다.

그녀가 한국에 귀국했고 얼마 지나지 않아 우린 자석처럼 끌리어 만나게 되었다. 그리고 자연스럽게 결혼까지 하게 되었다.

아내는 처음부터 내가 영혼의 반쪽임을 알아봤단다. 내가 알려준

싸이월드 미니홈피에도 하루에 수십 번 들어가보며 내 일기를 모두 읽어봤단다.

신혼여행은 그녀가 있던 미국으로 갔었는데, 그녀의 지인들이 모두 놀라워했다. 아내 'Sunny'가 진짜 'Moon'을 데리고 왔다고⋯. 알고 보니 지인들에게 나를 데리고 오겠다고 공표하고, 미국에서 모든 것을 내려놓고 한국으로 귀국했던 것이었다.

어느덧 결혼생활 12년 차에 접어들었다. 함께 같은 방향을 바라보며 서로의 꿈을 응원해주는 두 사람의 합일은 얼마만큼 서로가 성장할 수 있는지 지금도 가늠할 수가 없다.

두 아이의 육아에 때론 정신없이 바쁘지만, 일상에서도 소소한 행복과 감동을 발견해간다. 그리고 더 넓은 세상을 향해 더 큰 꿈을 그리며 서로를 깊이 응원하고 격려해간다.

스무 살 그때처럼 한결같이⋯.

후배들이 가끔 어떤 사람을 만나면 좋을지, 어떤 사람과 결혼해야 할지 물어본다. 그럼 나는 항상 이렇게 대답한다.

'자신이 먼저, 최고의 사람이 되기.'
그다음,
'서로 같은 방향을 바라볼 수 있는 사람.'

자본주의 사회에서
현명하게 살아남으려면

유대인은 전 세계적으로 볼 때 대략 1,800만 명이다. 인구수로만 보면 대한민국의 3분의 1 수준에 불과하다. 그런데도 글로벌 100대 기업 중 40%를 소유하고, 세계 억만장자의 30%를 차지하고 있는 민족이다. 이게 바로 유대인의 힘이다.

유대인들에게 가난은 죄악이다. 세상의 어떤 것도, 그보다 더 비참하지는 않다고 가르친다. 대다수 사람은 질병이나 돈을 죄악이라고 생각하는데 말이다. 그러니 유대인들이 어린 자녀에게 돈과 경제를 가르치는 것은 너무나 당연한 일이 된다. 돈에 대한 유대인들의 이런 사고방식은 내가 어릴 때 배워왔던 것과는 대조된다.

나의 꿈은 전 세계를 무대로 활약하는 것이다. 언젠가 가난으로 계속해서 고통받고 있는 아프리카에 어린이들이 마음껏 꿈을 꿀 수 있도록 학교도 짓고 싶다. 그러한 꿈을 펼쳐가기 위해선 경제적인 자유가 필요했다. 아무리 생각해도 직장생활로는 한계가 있었다. 조언을 구하고 싶어도 대부분의 직장인 상황은 비슷했다. 답답했다.

'당신 주변 사람 5명의 평균이 당신이다'라는 말이 있다. 우리가 자주 만나는 주변 평균 5명이 내 모습이고, 그들의 평균 연봉이 내 연봉이라고 한다. 생각과 행동이 비슷한 사람끼리만 만나면 결코 발전이 없다. 만나는 주변 5명의 수준이 높아지면 우리도 자연스레 높아진다. 나와 다른 생각을 하는 사람들을 만나야 시너지 효과를 만들어낼 수 있다.

나는 경제적 자유를 꿈꾸며 직접 부자들을 만나보고 싶었다. 도대체 그들은 어떻게 해서 큰 부를 이루었고 어떤 사고를 하는지 궁금했다. 아내와 함께 전국을 돌아다니며 성공 세미나에 참여했다. 그러한 노력 덕분에 부자들과 개인적인 만남이 몇 차례 이루어졌다.

그들을 직접 만나보면서 느낀 점은, 하나같이 의식 수준이 남달랐다. 부에 대해 긍정적으로 사고하고, 행동하며, 말했다. 부를 이상으로 삼고, 밝은 미래를 기대하며 부를 거머쥘 때까지 노력을 멈추지 않았다. 어떤 환경 속에서도 자신이 상황을 적극적으로 바꾸어가는 사람이라고 믿었다. 보통의 직장인들과는 확실히 생각 자체가 달랐다.

우리는 어릴 때부터 물질보다 마음이 훨씬 중요하다고 교육받았다. TV 드라마에 나오는 부자들은 하나같이 욕심과 이기심이 가득한 악당으로 묘사되곤 했다. 돈을 밝히면 저절로 죄책감이 들도록 만들었다. 중학교 도덕 시간에는 자신의 분수를 알고 거기에 맞춰

사는 삶이 가장 이상적이라고 배우기도 했다. 어떤 선생님은 가난을 편안하게 받아들이며, 깨달음을 얻는 옛 조상들의 안빈낙도(安貧樂道)의 삶이 현대 물질 사회에서도 중요한 가치라 했다. 나는 부나 부자에 대한 아무런 기준이 없었다. 주변에 큰 부자가 없었기 때문이다. 내가 배운 것을 가감 없이 받아들였고, 돈에 큰 욕심을 가지지 않았다. 오로지 역량 향상과 정신적인 성장을 이루려고 발버둥쳤을 뿐.

직장생활하면서 깨닫게 되었다. 직장인으로만 산다는 것은, 삶의 제약이 많다는 것을…. 안정적인 수입을 제공해주긴 하지만 딱 거기까지다. 연차가 쌓일 때마다 연봉은 오르지만, 그만큼 돈을 지출할 곳도 많아진다. 항상 돈에 쫓기고, 여유가 없다.

난 뭔가 잘못되고 있다는 것을 알았다. 그것은 지금까지 부에 관한 사고방식을 제대로 배워본 적이 없었기에 부자가 될 수 있는 길을 스스로 한계 짓고 막고 있던 것이다.

나는 지금까지의 경제관념을 모두 벗어던지고 새롭게 의식을 바꾸기로 했다. 나는 큰 부자가 되리라 마음먹었다. 부자들이 갖추고 있는 돈에 관한 올바른 사고법, 즉 부자의 사고방식을 철저히 배우고자 했다.

우리의 생각이 행동을 결정하고, 행동이 우리의 미래를 결정한다. 부자와 평범한 사람, 가난한 사람은 서로 다른 의식을 가지고 있다. 의식이 다르기에 서로 다른 미래가 펼쳐지게 된다. 가난한 사람은 퇴보하는 사고로 의미 없는 과거에 묶여 살고 있다. 평범한 사람은 정체된 평범한 사고로 과거나 미래를 보지 않고 그저 주어진 일에만 집중하는 수동적인 태도를 보인다. 하지만 부자들은 성장의 사고로 과거를 딛고 새로운 미래를 만들어가는 데 최선을 다한다. 부자 중에서도 가장 부자인 상위 1%의 부자들은 초 성장 사고로 폭발적인 성장을 보인다. 그들의 꿈과 생각의 크기는 상상을 초월하고, 위험을 기꺼이 감수할 준비가 되어 있다. 설사 실패를 하더라도 성공의 데이터를, 수집할 수 있기 때문이라 한다.

나는 부자들을 만나고 와서 10년 안에 일천억 자산가가 되겠다는 꿈을 새로이 만들었다. 나는 10년 안에 일천억에 버금가는 부를 창출할 것이다. 그렇게 인간이 가진 잠재 능력의 힘을 증명해 갈 것이다. 기난의 굴레에서 벗어나 풍요의 길로 갈 수 있다는 희망을 많은 사람에게 제시해 줄 수 있으리라 믿으면서.

'자신을 부자라고 느끼고 상상할 것.'
'시련이 따르더라도 꿈이 이루어지는 중이라고 믿을 것.'

자산이 수백억인 부자가 나에게 꿈이 이루어졌다고 확신하며 끝에서 시작하라고 일러주었다. '부는 한꺼번에 압도적으로 밀려든다. 인생에서 가장 중요한 것을 하라'고 조언해주었다.
나는 내 이름 석 자가 새겨진 '책'을 쓰기로 선택했다. 한 권의 책

쓰기를 계기로 나는 계속 책을 세상에 내놓으리라는 꿈과 포부를 품게 되었다. 청춘들을 위한 책뿐만 아니라, 사람들에게 영감을 전하는 책도 쓰고 싶다. 이런 영혼 충만한 책을 저술함으로써 전 세계에 반향을 일으키는 '베스트셀러' 작가로 우뚝 서고 싶다. 그리고 그 책 내용으로 강연하는 이미지도 생생하게 그리고 있다.

내 책이 전 세계에 영향을 끼치기 시작한다면, 수많은 강연 요청을 받으며 전 세계를 누비는 행복한 내 모습을 상상해본다. 그때는 내 의식이 지금과는 상상도 할 수 없을 만큼 높은 차원에 올라와 있을 터. 내가 원하는 만큼 언제 어디서든 돈이 쏟아져 들어올 테고. 나는 이런 부를 이루어 세계를 무대로 활약하고 싶다. 전 세계 꿈나무들을 위한 자선사업을 이어가면서.

상상만으로도 설레고 흥분되는 10년 안의 내 청사진이다. 10년 뒤 상징과도 같은 일천억의 부를 창출하고 나면, 나는 돈을 멀리하라는 위선적인 사람들에게 다음과 같은 이야기를 들려주고 싶다.

"안빈낙도의 삶을 부디 잘 실천해서, 자식에게도 그 가치를 그대로 물려주시길 바랍니다."

07

걱정을 다스리는
주인이 되어라

'내가 뭐 실수한 건 없을까? 추정에서 오류는 없었을까? 숫자를 잘못 산출한 거 같기도 한데…. 하, 뭔가 불안한데, 회사 복귀하면 과장님이 불같이 화내겠지?'

결혼기념일 휴가차 방문한 제주도에서 내내 업무 생각만 하고 있었다. 올해 손익을 추정하는데, 실수는 있지 않았는지 계속해서 숫자만 생각하고 있던 것이다. 아내가 너무 걱정하지 말고 지금 순간을 즐기라고 했지만, 나는 아무것도 눈에 들어오지 않았다. 사소한 것에도 화를 잘 내는 예민한 상사 밑에서 나는 굉장히 위축되어 있었던 것이다.

나는 소중한 휴가를 수많은 걱정으로 제대로 즐기지 못하고 모두 망쳐버렸다. 그 당시 그 상사 밑에서 괴로웠던 긴 시간을 생각하면 아직도 마음이 짠하다.

현대사회를 살아가는 우리는 수많은 걱정과 불안 속에서 하루하루를 보낸다. 경제적 어려움, 건강 문제, 관계의 갈등, 미래에 대한 불확실성 등 각자의 삶에서 마주하는 다양한 문제들은 우리의 마음을 무겁게 하고, 때로는 지치게 만든다.

걱정은 어느 정도는 자연스러운 감정이다. 그러나 지나친 걱정은 우리의 삶에 심각한 폐해를 끼칠 수 있다. 걱정에 사로잡혀 있으면 현재를 즐기지 못하고, 끊임없이 불안에 시달리게 된다. 이는 우리의 전반적인 삶의 질을 떨어뜨린다. 걱정을 방치하면 우리의 삶은 불행과 스트레스로 가득 찰 수밖에 없다. 걱정을 다스리고, 긍정적이고 건강한 삶을 살기 위해 노력하는 것이 중요하다.

나는 불같은 상사 밑에서 그렇게 5년을 버텼다. 수많은 걱정으로 일상의 삶이 행복하지 못했다. 그 시간을 인내하고 버티기 위해 나는 이유를 찾아야 했다.

그때 주변을 둘러봤다. 누구 하나 걱정이 없는 사람들이 없었다. 돈이 많든 적든, 인기가 많든 적든, 직위가 높든 낮든, 모두가 자기만의 이유로 나름대로 고민을 끌어안은 채 살아가고 있었다.

아무런 문제도 겪지 않는 사람은 단언컨대 없다. 유명 인사, 똑똑하다고 인정받는 사람들, 명예와 권력을 가진 사람들도 마찬가지다.

이때 나는 깨닫게 되었다. 행복한 사람과 불행한 사람의 차이는 '걱정이 있느냐, 없느냐'가 아니라, '걱정을 키우느냐, 키우지 않느냐'라는 것을….

살다 보면 누구나 크고 작은 문제를 마주하게 된다. 그러나 똑같은 문제를 겪으면서도 어떤 사람은 가슴 졸이고 발을 동동 구르며 스트레스를 받는 한편, 어떤 사람은 대수롭지 않게 넘겨버린다.

그러고 보면, '처음부터 커다란 문제가 나를 덮쳐 왔던 게 아니라, 나 스스로 걱정을 눈덩이처럼 키워 왔던 게 아닐까?'라는 생각을 해볼 수 있다.

인간의 감정을 의인화해 주인공의 내면에서 벌어지는 일들을 감동적으로 그려낸 애니메이션 〈인사이드 아웃 2〉. 이 영화는 불안이라는 감정이 우리의 삶에서 어떻게 작용하고, 어떤 영향을 미치는지를 상징적으로 보여준다. 주인공 '라일리'가 청소년기로 접어들면서 겪는 변화는 많은 불확실성을 동반한다. 새로운 학교, 새로운 친구, 변화하는 신체와 감정 등은 불안을 자연스럽게 키운다. 불안은 이러한 불확실성 속에서 최악의 시나리오를 상상하게 만들고, 이는 곧 걱정으로 발전한다. 불안이 계속해서 걱정을 키우는 장면은 우리에게도 의미심장한 메시지를 준다.

불안은 일종의 방어 기제로 작용한다. 이는 잠재적인 위험을 피하게 하려는 심리적 메커니즘이다. 불안이 걱정을 키우는 것은 위험을 사전에 인식하고 대비할 수 있도록 돕는 역할을 한다. 하지만 이러한 방어 기제가 과도하게 작동하면, 불필요한 걱정과 스트레스를 유발하며 우리의 삶에 부정적인 영향을 미칠 수 있다.

걱정은 없애버릴 수는 없다. 그러나 키우지 않을 수는 있다. 세상에 아무런 걱정도 없는 사람은 없다. 다만 그 걱정이 나를 깔아뭉개지 않도록 통제하고 길들이는 사람이 있을 뿐이다. 쓸데없는 걱정에 소비하는 마음의 에너지를 줄임으로써 말이다.

나는 스무 살 때부터 깨달음을 주는 영감이 가득한 이야기를 좋아했다. 특히 우주와 관련된 책들을 굉장히 좋아했는데, 그러한 책들을 읽으면 대우주 속에 속한 나 자신을 바라보며 굉장히 겸허해질 수 있었다. 이를 통해 사색의 시간을 가지며, 나의 내면을 정면으로 응시할 수 있었다.

힘든 상사 밑에 스트레스가 극심한 상황에서, 이러한 영감 깊은 책들을 읽으며 깊은 사색을 이어갔다. 나는 걱정을 통제하는 법을 배우기로 했다. 그리고 수많은 걱정 대부분은 실제로 일어나지 않는다는 것, 많이 걱정했던 일이지만 실제로 겪게 되면 그리 대단한 일이 아닐 수도 있다는 것을 알게 되었다. 특히 나의 마음이 약해질 때, 불안과 걱정이 눈덩이처럼 커지고 있었다. 나는 나의 껍질을 벗고 더욱 강해지자고 마음을 다졌다.

나를 깊이 응시하면 할수록, 지금의 시간이 나의 성장을 위해서 꼭 필요한 시간이라고 믿게 되었다. 그리고 그러한 악역을 해주는 상사에게도 조금씩 마음을 열 수 있었다. 이 상황에서 도망가지 않고 잘 이겨낸다면, 누구를 만나더라도 자신감 넘치는 내가 된다고 믿었다. 그러한 마음들이 나를 버티고, 앞으로 나아가도록 만들었다.

시간이 흘러 어느덧 나도 하나의 조직을 이끌어가는 부서장이 되었다. 회사의 대표이사 옆에서 각종 보고 업무를 수행한다. 회사의 의사결정 정점에 있는 대표이사를 보좌한다는 것은 일반적으로 높은 수준의 스트레스가 따르는 일로 여겨진다. 중요한 일정 관리, 문서 준비, 회의 조율 등 다양한 업무를 완벽하게 수행해야 하며, 작은 실수도 큰 문제로 이어질 수 있다. 업무 수행에 있어 높은 수준의 전문성과 세심함도 요구되며, 회사의 다른 임원 및 타 부서장과 원활한 소통도 중요하다. 이 과정에서 발생하는 대인관계 스트레스 역시 무시할 수 없다.

이전 힘든 상사 밑에서 크게 단련되었던 덕분일까? 항상 마음을 졸이며 실수하지 않기 위해 노력했던 부분들이 업무에 있어 꼼꼼함으로 이어졌다. 꼼꼼하게 업무를 점검하면서 윗분들이 어떤 것을 궁금해할지 먼저 생각한다. 그러한 습관 덕분인지 우리 부서에서 만든 보고서는 수정 없이 통과되는 경우가 많다.

하지만 무엇보다도, 약한 마음들을 계속해서 담금질하며 더 강하게 성장하고자 했던 순간들이 빛을 발하기 시작했다. 마음이 단단해졌다. 아무리 높은 분이라 해도 그 앞에서 당당할 수 있는 자신감을 가지게 되었다. 그러한 태도로 나의 의견을 당당히 밝히며 소신 있게 행동하고 있다. 오히려 그런 자신감과 태도를 높은 분들은 높이 평가해주셨다.

그렇게 지옥 같았던 시간, 하지만 물러서지 않고 나의 껍질을 벗고자 했던 인내의 과정들이 시간이 지나 모두 나의 자산이 되어 있었다. 한편으론 그러한 시간을 통해 소중한 가치들을 깨닫게 되었다. 평소에는 크게 의식하지 않았던 항상 내 편이 되어주는 가족들의 존재가 얼마나 큰 힘과 위로가 되는지 깊이 깨닫게 되었다. 가장 힘든 순간에 옆에 있는 사람들이 얼마나 소중한지 절실하게 알게 된 것이다.

걱정으로 삶이 흔들릴 때는 신뢰할 수 있는 사람과의 관계가 큰 힘이 된다. 걱정이나 불안을 느낄 때 이를 숨기지 않고, 솔직하게 주변 사람들과 대화를 나누는 것이 중요하다. 정서적 안정감을 높일 뿐만 아니라, 실질적인 조언과 지지를 받을 수도 있기 때문이다.

나는 감당하지 못할 큰 걱정과 스트레스가 밀려오면 아내와 많은 대화를 나눈다. 그럴 때마다 감정이 점차 가라앉으면서 상황을 객관적으로 인식하게 된다. 그러면서 해결책을 찾기도 한다.

살아가면서 신뢰할 수 있는 사람들, 가족이 아니어도 좋다. 친구, 학교 선배 또는 직장 내 선배, 누구든지와 지지 네트워크를 구축하고, 긍정적인 사람들과 시간을 보내는 것은 중요하다. 우리의 걱정을 다스리는 데 큰 도움이 되기 때문이다.

실제 연구 결과에 따르면 사람들이 걱정하는 일의 약 85%는 발생하지 않았다고 한다. 이는 우리가 대부분 불필요한 걱정에 시간을 낭비하고 있음을 보여준다. 설사 걱정하는 일이 일어나더라도 부딪혀 보면 그리 대단한 일이 아닐 수도 있다.

소설 《어린 왕자》에 나오는 다음과 같은 대사처럼 말이다.

"지난달에는 무슨 걱정을 했지? 그것 봐. 기억조차 못 하고 있잖니. 그러니까. 오늘 네가 걱정하는 것도 별로 걱정할 일이 아닌 거야. 잊어버려. 내일을 향해 사는 거야."

우리가 어쩔 수 없는 사건들, 쓸데없는 일에 걱정을 키우지 말자. 가장 소중한 현재에 충실해야 한다. 그러면 행복한 내일이 곧 찾아온다.

5장

당신은
결국
해낼 것이다

모든 답은
자신의 내면에 있다

인간은 끊임없이 답을 찾는 존재다. 우리는 인생의 각 단계에서 다양한 질문에 직면한다.

"내 인생의 목적은 무엇인가?"

"어떻게 하면 행복해질 수 있을까?"

"나는 어떤 직업을 선택해야 할까?"

끝없는 물음 속에서 우리는 답을 찾기 위해 헤매곤 한다.

이러한 묵직하고도 중요한 질문에 우리는 종종 자신에게 먼저 묻기보다 외부에 눈을 돌린다. 주위 사람들의 의견을 듣고, 전문가의 조언을 듣기도 한다.

가족, 친구, 교육, 사회적 규범 등은 우리의 사고방식과 행동에 큰 영향을 미친다. 이러한 외부 요인들은 때로는 우리의 결정을 돕기도 하지만, 때로는 우리를 혼란스럽게 만들기도 한다. 부모님의 기대에 부응하려는 마음에 자신이 원하지 않는 직업을 선택하는 경우, 친구들의 의견에 휘둘려 자신에게 맞지 않는 결정을 내리는 경우 등도 있다. 이러한 외부의 소리는 우리의 진정한 욕구와 충돌하기도 한다. 남들의 기대나 사회적 기준에 맞추다 보면, 정작 자신이 진정으로 원하는 것이 무엇인지 놓치게 된다. 이는 결국 우리의 삶을 불행하게 만들고, 인생을 후회로 가득 차게 만들 수 있다.

특히 최근에는 자신의 중요한 결정에 있어서 점이나 타로 같은 예언적인 도구들에 의존하는 사람들도 늘어나고 있다. 이 사람과 결혼해야 할지 말지, 현재 직업이 자신과 맞는지, 회사를 이직해야 할지 말지, 자식을 어떻게 키워야 할지 등은 단골 주제이기도 하다. 이는 빠르게 변화하고 복잡한 현대사회 속에서 미래의 불확실성에 대한 두려움과 자기 신뢰의 부족에서 비롯된 것이라 볼 수 있다.

붓다(Buddha)는 모든 문제를 해결할 수 있는 열쇠는 외부가 아니라 자기의 내면에 있다고 가르친다. 모든 사람에게는 불성(佛性), 즉 깨달음에 이를 수 있는 잠재력과 무한한 힘이 있기에 이를 끄집어내기만 하면 된다고 한다.

나는 누구에게나 갖추어져 있는 자신만의 가능성, 잠재력을 깊이 믿었다. 그리고 깊은 내면에 있는 잠재의식에 계속해서 되뇌었다.

'나는 이 세상을 바꿀 수 있는 위대한 영감과 에너지를 갖고 있다. 내 인생의 모든 답은 내가 이미 갖고 있다.'

인간은 의식을 가진 존재다. 의식은 주관적으로 경험하는 모든 감각, 생각, 감정, 기억 등을 포함하며, 깨어 있는 상태와 명상 상태 등 다양한 각성 수준을 포함한다.

이성과 오감을 통해 나와 관련된 외부 세상을 인식하는 것을 현재 의식이라고 한다면, 잠재의식은 우리가 의식하지 못하지만, 여전히 우리의 행동과 감정에 영향을 미치는 부분이다. 우리의 잠재의식은 토양과도 같아서 생각의 씨앗이 질이 좋든 나쁘든 일단 심어지기만 하면 현실이라는 싹을 틔운다. 그러므로 우리가 해야 할 일은 긍정적이고 명확한 목표를 세워 잠재의식이라는 토양에 성공의 씨앗을 심어주는 것뿐이다.

잠재의식의 대가, 조셉 머피 박사는 이렇게 말한다.

"성취하거나 실패한 일은 모두 내 생각이 낳은 결과다. 어떻게 생각하느냐에 따라 내 미래의 모습이 바뀐다."

물론 세상에는 내가 바꿀 수 없는 일들도 있다. 하지만 나 자신을 내가 원하는 모습으로 바꾸는 것은 어렵지 않은 일이다. 우리의 마음은 기록하는 기계와 같아서 현재 의식에서 받아들이는 믿음과 아이디어가 마음속 깊은 곳에 있는 잠재의식에 새겨진다.

안타깝게도 많은 사람이 잠재의식이 우리의 삶에 어떻게 영향을 끼치는지 중요성에 대해서 잘 알지 못하고 있다.

"그렇게 노력해도 소용없어."

"아무리 그래봤자 학벌과 인맥이 중요하지."

"넌 나이가 너무 많아."

주변에서 들려오는 부정적인 말들은 내가 원하든 원하지 않든 나의 잠재의식에 명령을 내려 우리의 삶을 비관적으로 만들어버린다. 이러한 잘못 자리 잡은 편견과 두려움이, 자신도 모르게 자기의 한계로 작용하게 된다. 이렇게 잘못된 잠재의식에 영향을 받고 제자리걸음 하며 사는 사람들이 부지기수다.

반대로 긍정적인 사고를 마음에 새긴다면 잠재의식은 빠르게 반응해 정신과 신체를 비롯해 나의 삶을 둘러싼 환경을 변화시키기 시작한다. 내가 주변 환경에 이끌려가는 것이 아니라, 내가 생각하는 대로 삶을 주도적으로 만들어갈 수 있는 것이다.

이때, 우리의 잠재의식에 새겨넣을 긍정적인 목표를 명확히 세우는 것이 중요하다. 그리고 시간이 날 때마다 목표를 실현하기 위해 어떤 행동을 취해야 할지 머릿속에 그려보는 것이다. 그러면 우리의 잠재의식은 생각이 행동으로 전환하는 것을 도와주게 된다.

나는 내가 이루고자 하는 목표를 수첩에 적어두고 매일 들여다봤다. 잠재의식 속에 새기기 위한 나만의 방법이었다. 목표가 간절할수록 자주 수첩을 보면서 목표가 이루어지는 장면을 상상했다.

어느 날, 일상이 나의 목표완수를 위해 톱니바퀴처럼 맞물려가고 있는 것을 발견하게 되었다. 잠재의식 속에 기억된 목표들이 무의식적으로 나에게 그에 맞는 행동들을 요구하고 있었던 것이다. 사소한 행동 하나하나까지.

그렇게 목표를 하나씩 달성할 때마다 나의 마음은 충만한 생명력으로 가득 찼다. 자신감도 솟구쳤다. 인생에 대한 설계와 해답도 그 누군가가 아닌 바로 나 자신에게 있다는 것을 알게 되었다.

감내하기 힘든 큰 어려움이 생길 때는, 환경을 탓하기 전에 이러한 일들이 왜 나에게 닥쳤고 어떤 의미인가를 깊이 사색하면서 글을 써나갔다. 외부의 소리에 휘둘리는 것이 아니라 나를 먼저 바라봤다. 신기하게도 글을 쓸 때마다 단순히 생각을 정리하고 감정을 표현하는 것을 넘어, 자기 이해와 치유의 과정으로 이어지고 있었다. 생각과 감정을 명확히 표현함으로써, 나를 더 깊이 이해할 수 있었던 것이다. 이는 무의식적으로 느끼고 있던 감정이나 생각을 의식적으로 인식하게 하는 과정이라고도 할 수 있다.

20세기를 대표하는 미술계의 거장, 피카소(Pablo Ruiz Picasso)는 다음과 같이 말했다.

"상상은 모든 일의 출발점이다. 일을 시작하기에 앞서 온 정성을 기울여 상상하라. 당신이 상상하는 모든 것은 현실이 된다."

끌어당김의 법칙의 선구자라고도 할 수 있는 네빌 고다드(Neville Goddard)는 우리의 잠재의식이 우리의 삶과 경험을 창조하는 데, 핵심적인 역할을 한다고 주장했다. 잠재의식은 우리의 깊은 믿음, 감정, 상상력을 통해 우리의 현실을 형성한다. 우리가 원하는 바를 상상하고, 그 상상을 현실로 믿을 때, 잠재의식이 이를 실현하는 힘을 발휘한다고 말했다.

그에 따르면, 상상력은 우리의 현실을 창조하는 도구다. 우리가 어떤 상황을 생생하게 상상하고, 그것이 이미 실현된 것처럼 느낄 때, 잠재의식은 그 상상을 현실로 만드는 힘을 발휘한다. 이는 단순히 꿈꾸는 것을 넘어서, 우리의 감정과 감각을 포함한 모든 것을 동원해 상상을 실체화하는 과정이다.

예를 들어, 성공을 꿈꾸는 사람은 자신이 이미 그 위치에 있는 것처럼 행동하고 느껴야 한다. 이 과정을 통해 잠재의식은 그 꿈을 현실로 끌어당긴다. 이는 우리의 내면이 외부 세계와 어떻게 연결되어 있는지를 보여주며, 우리가 자신의 삶을 주체적으로 살아갈 수 있는 길을 제시한다.

자신의 내면 깊은 곳에서 나오는 힘을 믿고, 그것을 현실로 만들기 위한 노력을 해야 한다. 이 힘은 우리의 생각과 믿음, 집중력을 통해 현실로 바뀔 수 있다. 긍정적인 사고, 명확한 목표 설정과 시각화, 긍정적 신념과 자기 확신, 그리고 꾸준한 행동과 지속성은 마음의 힘을 현실로 바꾸는 데 중요한 요소들이다.

우리를 가장 잘 아는 사람은 바로 우리 자신이다. 모든 답은 우리의 내면에 있으며, 그 답을 현실로 바꾸는 힘도 우리 자신에게 있다. 우리의 내면에 귀를 기울이고, 자신을 믿는 것이야말로 진정한 답을 찾는 길이다.

02

지금 이 순간,
이곳에서

지금 이 순간, 나는 창밖을 바라보면서 수많은 생각과 감정에 휩싸여 있다. 눈 앞에 펼쳐진 풍경과 주변의 소리, 공기의 냄새, 그리고 피부에 닿는 바람의 감촉까지. 모든 것이 나에게 강렬하게 다가온다.

나의 호흡을 느끼며 존재하는 모든 것, 그리고 현재의 시간이 얼마나 소중한지 다시금 생각하게 된다.

《그리스 신화》에는 시시포스(Sisyphus)라는 인물이 있다. 시시포스는 교활하고 악한 지혜가 많기로 유명했는데, 결국 제우스의 분노를 사게 되어 저승으로 가게 되었다. 그러자 그는 저승의 신 하데스를 속이고 장수를 누리게 된다. 하지만 그 죄로 인해 저승에서 무거운 바위를 산 정상으로 밀어 올리는 벌을 받았다. 정상에 도착한 바위가 아래로 떨어지면 다시 정상으로 밀어 올리는 끝없는 형벌을 받게 된 것이다.

어쩌면 현재를 살아가는 우리도 어떤 면에선 시시포스의 삶과 비슷하진 않을까?

시시포스가 끊임없이 바위를 밀어 올리듯, 우리도 바위처럼 무거운 오늘의 현실을 있는 힘을 다해 내일로 밀어 올린다. 오늘을 누리지 못하고 내일로 하루를 넘기고 있다. 대부분 '열심히'에 가치를 두고 '즐겁게'를 못하고 있다. 자신의 인생을 즐겁게 못 사는 것이다.

우리는 왜 늘 위를 바라보며 올라가고만 있을까? 우리가 원하는 미래는 왜 항상 높은 곳에 있을까?

그것은 미래에 대한 착각 때문이다. 우리는 원하는 미래는 위에 있다는 착각 속에 살고 있다. 나도 생각해보면 내가 원하는 미래, 꿈과 목표는 늘 위에 있었다. 항상 내 머리 위에서 반짝이며, 열심히 노력해서 이곳에 도착하라고 부추겼다. 그 꿈을 향해 나는 한 발 한 발 열심히 내디뎠다. 목표를 위해 열심히 바위를 위로 굴렸다. 나의 미래를 위해 한 계단 한 계단 힘들게 올라갔다.

하지만 진실은 반대였다. 미래는 바로 지금, 이 순간 나의 발밑에 펼쳐져 있었다. 나는 시간의 최면에 빠져 있던 것이다. '시간은 과거, 현재, 미래로 흐르며 그 역순은 존재하지 않는다'라는 착각이다.

시간은 그 순서로 관찰되지만, 과거, 현재, 미래는 이미 펼쳐져 있다. 현재가 존재하는 순간, 미래도 이미 존재해 전달될 뿐이다. 우리가 올라가야 한다고 착각한 미래는 이미 발아래 놓여 있는 것이다.

'지금 보내는 오늘'이 우리가 경험할 '이미 존재하는 내일'로 연결되어, 그 미래도 곧 맞이하게 된다.

지금, 이 순간은 우리에게 주어진 유일한 시간이다. 과거는 이미 지나갔고, 미래는 아직 오지 않았다. 우리는 흔히 과거의 후회나 미래의 걱정에 사로잡혀 현재를 놓치곤 한다. 그러나 지금, 이 순간, 이곳에서 우리는 살아 숨 쉬며, 우리의 삶을 온전히 느낄 수 있다. 우리는 지금, 이 순간을 통해 자신을 재발견하고, 진정한 자아를 찾을 수 있다.

과거에 나는 다가올 미래에 집중하면서, 순간의 시간을 제대로 음미하지 못했다. 미래의 불확실함 속에 걱정으로 현재의 시간을 보내기도 했다. 계획했던 일들이 조금이라도 틀어지면 스트레스를 받았다. 미래에 대한 불안감이 나를 일종의 완벽주의 성향으로 만들고 있었다. 완벽함에 대한 강박으로 인해 끊임없이 뭔가를 해야만 했고, 그런데도 계속 자신이 부족하다고 느껴졌다. 항상 쫓기는 듯한 느낌으로 삶을 제대로 즐기지 못했다. 사랑하는 사람들이 옆에 있었지만, 항상 계속되는 싸움에 외롭게 느껴지기도 했다.

그러다 나는 세상 즐길 줄 아는 몇 명의 친구들과 친해지게 되었다. 그들도 물론 미래에 대한 고민이 있었지만, 너무 심각하게는 받아들이지 않았다. 이따금 함께 어울리는 자리에서, 그들은 사람들과 어울리며 그 순간을 제대로 즐기는 거였다. 한마디로 놀 줄 알았던 것이다. 그들과 함께 보내는 시간은 어떻게 지나가는지 모를 정도였다. 걱정에 파묻혀 있던 내가 이렇게 행복해하니, 아내는 늦게 들어와도 되니 마음껏 즐기고 오라고 했다. 나를 진심으로 믿어주는 아내도 고마웠다.

그렇게 나는 그 순간을 음미하면서 깨닫게 되었다. '삶이 계획대로 흘러가지 않는다고 해도 절대로 무너지지 않으며, 오히려 완벽함을 내려놓을 때 삶을 즐길 수 있구나'라는 것을.

자격증 시험은 일정 합격 점수 이상이면 통과되는 경우가 많다. 만점을 목표로 시험을 준비하는 사람과 합격 점수만 넘는 것을 목표로 공부하는 사람의 준비 과정은 다를 수밖에 없다. 중요한 사실은 커트라인만 넘으면 통과가 된다는 것이다. 그러니 굳이 몇 개 틀린다고 큰일 날 것처럼 불안에 떨면서 시험을 준비할 필요가 없다.

인생도 마찬가지다. 아무리 준비해도 완벽한 준비란 있을 수 없다. 회사에 들어가기 위한 완벽한 스펙을 갖추고 들어가려면 서른을 훌쩍 넘길 수도 있다. 내 집 마련을 하고 결혼하려면 까마득할 수 있다.

나는 더 이상 미래에 대한 불안감으로 나를 괴롭히지 않기로 했다. 그리고 언젠가 완벽한 순간이 온다는 환상을 깨부수기로 했다. 지금, '현재'가 가장 중요한 순간이었던 것이다.

많은 사람이 꿈을 이루면 행복이 보장된다고 생각한다. 물론 꿈을 향해 달려가는 것은, 우리 삶의 중요한 원동력이 된다. 그러나 꿈이 반드시 행복을 보장해주는 것만도 아니며, 꿈을 이루는 과정에서 잃어버려서는 안 될 가치들이 있다.

그것은 자기 자신에 대한 존중이다. 우리는 꿈을 이루기 위해 현재의 자신을 혹사하거나, 자신의 가치를 무시하는 경우가 있다. 지금 자신의 건강과 행복을 희생하면서까지 꿈을 추구하는 것은 오히려 나중에 더 큰 불행을 초래할 수 있다.

가족에 대한 소중한 마음, 또한 잊지 않아야 한다. 앞을 향해 달려가다 보면 항상 내 편이 되어주는 가족과의 시간을 정작 소홀히 할수 있다. 회사에서 높은 직급까지 올랐지만, 가족과의 대화 단절로 행복하지 못한 분들도 많이 봐왔다. 회사 일이 바빠, 그동안 아이들과의 대화가 부족했는데 이제 여유가 생기니 아이들이 자신을 피하더라는 것이다. 아이들을 위해 열심히 일하며 희생했는데 키워봤자 소용없다고도 한다. 정작 아이들이 가장 아빠를 필요로 할 때 아빠가 옆에 없었다는 사실은 외면한 채로 말이다.

꿈 그 자체가 아닌, 꿈을 이루는 과정에서 무엇을 얻고 무엇을 잃었는지에 행복은 달려 있다고 나는 믿는다. 꿈을 이루기 위해 지나치게 자신을 희생하거나 중요한 가치를 잃었다면, 꿈을 이룬 후에도 만족감을 느끼기 어렵다. 꿈을 이루는 것이 행복의 조건이 되기 위해서는 그 과정 자체에서 행복을 느낄 수 있어야 한다. 꿈을 향해 나아가는 과정에서 매일 조금씩 성장하고, 목표에 한 걸음씩 다가가는 것을 즐긴다면, 그 과정 자체가 큰 만족감을 줄 수 있다.

프랑스 출신의 세계적인 사진작가 앙리 카르티에 브레송(Henri Cartier Bresson)은 이런 말을 남겼다.

"나는 평생 결정적인 순간을 카메라로 포착하길 바라며 헤매곤 했습니다. 그러나 인생의 모든 순간이 결정적인 순간이었습니다."

완벽한 때란 없다. 지금이 우리의 가장 결정적인 순간이다. 준비가 조금 덜 되어 있으면 어떠한가. 가면서 채우면 되는 것이다.

그러니 오늘, 이 순간을 마음껏 즐겨야 한다. 내일 해가 뜨면, 우리는 그곳에 도착해 있을 것이니.

인생은
자신과의 진검승부

'우리는 어디에서 왔고, 어디로 가는가.'

'인생, 어떻게 살아가야 하는가.'

'어떤 인생이 가장 좋은 인생인가.'

이 깊은 질문에 대답하기 위해 수많은 철학과 사상, 종교가 나타났다. 정치나 경제, 과학 등도 이러한 질문과 떼려야 뗄 수 없는 깊은 연관성을 갖는다. 모두가 결국에는 어떻게 하면 사람들이 행복해질 수 있을까로 귀결된다. 나름의 논리와 설득으로 사람들에게 방향을 제시하는 것이다.

하지만 인간을 위한 이러한 철학, 사상, 종교 등은 사람들을 갈라놓았다. 자기의 사상과 신념이 절대적이라 믿고, 다른 믿음을 가진 자를 철저히 배척했다. 수많은 종교 전쟁이 일어나기도 했고, 이념 갈등으로 세계 대전이 일어나며 많은 사람이 아까운 목숨을 잃기도 했다. 인류의 크나큰 비극이라고도 할 수 있다.

오늘날 많은 사람은 종교나 철학, 사상에 염증을 느끼면서 각자만의 세상에서 이러한 근본적인 질문에 답을 하고 살아간다. 하지만 눈앞에 주어진 과제로 제대로 된 답변을 하지 못하고 환경에 휩쓸리는 것이 우리들의 현실이다.

인생에는 여러 가지 일들이 일어난다. 즐거움보다는 온갖 괴로움이 가득하다. 원하는 학교나 회사에 들어가지 못해 자존감이 떨어지기도 하고, 중요한 시험에 떨어져 자신의 인생이 부정당하는 느낌도 받는다. 학자금 대출, 신용카드 빚 등으로 경제적 압박을 받기도 하며, 직장에서는 각종 스트레스로 우울증을 겪기도 한다. 친구나 연인과의 갈등, 배우자와의 이혼으로 관계에 있어 큰 상처를 받기도 한다. 아무리 재산이 많아도 건강을 잃어 불행하게 사는 사람도 있는가 하면, 죽음과 같은 언젠가 사랑하는 사람과 헤어져야 하는 상실과 슬픔의 고통도 기다리고 있다.

실로 살아간다는 것은 힘든 일인 것이다. 도대체 그 행복은 무엇이고 어디에 있는 것일까.

어린 시절, 아버지 사업 실패 이후 우리 집안의 경제는 완전히 무너졌다. 하지만 그런 환경 속에서도 항상 생명력이 넘치셨던 어머니 덕분에 나는 바르게 성장할 수 있었다. 하지만 너무 고생하셨기 때문일까. 어느 날 몸이 안 좋아서 찾은 병원에서 어머니가 덜컥 암 선고를 받으셨다. 내가 고등학교 3학년 때였다. 의사 선생님은 암세포가 이미 림프관까지 퍼져서 수술이 힘들 수 있다고도 했다. 세상이 무너지는 듯했다.

하지만 우리 어머니는 수술을 앞두고도 강인하셨다.

"아들아, 걱정하지 마라! 엄마는 지지 않는다. 엄마가 이겨내온 길을 생각하면, 이 병은 아무것도 아니야. 엄마는 정했다. 반드시 이겨낼 거야."

사업 실패로 술을 자주 드셨던 아버지로 인해 굉장히 고생을 많이 하셨던 어머니였다. 하지만 아들 앞에서는 항상 밝고 강인하셨다. 남편으로부터는 사랑과 존중을 받지 못했기에 두 아들을 잘 키우는 것이 당신의 인생 목표였다. 그런데 큰아들의 중요한 대학 수능시험을 앞두고 어머니도 충격이 크셨을 테다. 어린 두 아들을 두고 세상을 떠나는 것이 얼마나 한이 될 것인가. 그리고 인간으로서 느껴야할 죽음에 대한 공포까지.

하지만 이내 어머니는 아들을 위해서라도 꼭 살아야겠다고 스스로 정하며, 모든 생명력을 짜내셨다. 나는 그런 어머니를 믿었다.

수술은 무사히 마쳤고, 이후 고통스러운 항암치료를 받으셨다. 하지만 어머니는 항암주사를 자신의 생명을 살려주는 감사한 영양주사로 받아들이셨다. 병 따위에 지지 않겠다고 각오를 단단히 다졌기에 강인하게 인내했다.

5년 뒤, 어머니는 암 완치 판정을 받으셨다. 의사도 어머니의 호전에 깜짝 놀라며, 어머니에게 비결을 묻기도 했다. 자신의 의료 인생, 최대 업적이라고도 했다. 같은 암 진단으로 6명이 수술을 받았는데, 3명은 세상을 떠났고 2명은 암이 재발했다고 한다.

새로운 인생을 살아야겠다고 정한 어머니는 건강을 회복하자마자 검정고시 학원에 등록했다. 그 당시 6남매의 장녀로서 동생들을 위해 배움을 마치지 못함에 대한 한이 있으셨던 것이다. 공부에 도전하면서 1년 만에 방송통신대학에도 진학했다. 미용봉사자격증과 다문화자격증 취득 등 이후로도 끊임없이 도전하는 삶을 사셨다. 자신의 처지를 비관하고 힘들어하는 이웃에겐 자신의 이야기를 들려주고 힘내라고 손을 잡아주셨다. 아팠던 사람이라고는 믿기지 않을 정도의 밝은 얼굴로 희망의 빛을 주변에 비춰주며 지금도 꿋꿋하게 살아가고 있으시다.

나는 그 당시 어머니의 병고를 통해 '행복'에 대해 어렴풋이 알게 되었다. 세상의 현실은 엄연히 냉혹하지만, 맞서 싸울 수 있는 강인한 생명력이 결국 모든 행복과 불행을 결정한다는 것을.

저명한 한 철학자는 '행복에서 가장 중요한 요소는 자기 내면의 경애다. 경애가 큰 사람은 괴로움에도 지지 않고 유유히 일생을 즐길 수 있다. 인생의 깊은 맛을 음미하면서 드넓은 마음으로 하루를 꿋꿋이 살 수 있다. 경애가 넓고 강한 사람이 바로 행복한 사람'이라고도 했다.

행복은 저 멀리 있는 것이 아닌, 매 순간 나의 나약한 생명과 싸워 이겨내는 굳건하고 흔들리지 않는 마음, 거기서 행복은 시작되는 것이었다. 결국 행복은 '자기 자신을 어떻게 확립하느냐'라는 문제로 귀결될 수 있다.

아무리 행복해보이는 환경도, 자신이 허무함을 느끼고 괴로움을 느끼면 불행하다. 행복은 겉모습이 아닌, 자기가 실제로 무엇을 느끼는가에 대한 실감의 문제라는 것을 나는 깊이 깨닫게 되었다.

온갖 괴로움이 가득해보이는 우리의 인생도, 결국 그것을 받아들이는 우리의 마음과 자세에 따라 행복이 될 수도 있고 불행이 될 수도 있는 것이다. 실로 우리의 인생은 자신의 마음속에서 벌어지는 행복과 불행의 치열한 싸움이라고도 할 수 있다.

주변에는 불행으로 끌어내리려는 수많은 유혹과 장애물이 언제나 도사리고 있다. 사회적으로 높은 위치에 올랐지만, 한 번의 실수로 나락으로 가는 사례를 우리는 많이 목격하고 있다. 이렇듯 인생은 평생에 걸친 자기와의 철저한 승부라고도 할 수 있다. 그 속에서 무엇에도 지지 않겠다는 '강인한 마음', 어떤 유혹에도 흔들리지 않겠다는 '굳건한 마음'에서 우리의 진정한 행복을 찾을 수가 있다.

옛 무사들의 '진검승부'는 목숨을 걸고 싸우는, 단순한 경쟁이 아니라 자신의 모든 것을 바치는 치열한 싸움이었다. 인생에 대한 진검승부라고 함은, 최선을 다해 자신의 모든 능력을 발휘하고, 유혹과 어려움에 빠지지 않으며, 자신의 한계를 극복하는 과정이다.

어떤 환경에도 무너지지 않는 행복을 구축하기 위해서는 인생의 마지막 순간까지 자신만의 진검승부를 펼치겠다는 각오가 필요하다. 그러한 각오에 섰을 때, 세상을 바라보는 시각이 달라진다. 그리고 행동이 달라진다.

올림픽에 참가하는 세계의 수준급 선수들에게 "긴장되지 않으세요?"라고 물으면 한결같이 "No!"라고 대답한다. 그들은 오히려 "Exciting!" 흥분된다고 한다.

긴장될 때 우리는 심장이 빨리 뛰고, 손에 땀이 난다. 흥분될 때도 긴장할 때와 똑같은 반응을 보인다. '긴장'과 '흥분'은 받아들이는 사람에 따라 스트레스가 되기도 하고 활력소가 된다. 중요한 것은 흥분하는 사람은 '원하는 것'을 보지만 긴장하는 사람은 '장애물'만 본다는 것이다. 유능한 스키 선수는 나무 사이를 통과할 때 '길'만 보고 그렇지 못한 선수는 '나무'만 보는 것과 같다. 올림픽 메달리스트들은 반복된 훈련으로 '긴장'을 '흥분'으로 바꾸는 방법을 깨달은 사람들이다.

같은 것을 보고 같은 것을 경험하지만, 마음가짐에 따라 다른 것을 얻는다. 우리의 마음가짐에 따라, 인생의 여러 가지 문제들도 오히려 자신의 성장 기회로 기쁘게 받아들일 수도 있다.

인도의 간디기념관에 방문하면, 환하게 미소를 짓고 있는 간디의 사진이 많이 걸려 있다고 한다. 간디는 늘 이렇게 말했다고 한다.

"만약 내게 유머가 없었다면 이렇게 길고 힘든 투쟁을 견딜 수 없었을 것입니다."

인도의 독립을 위해 상상할 수 없는 압박과 고난의 길을 걸어가면서도 간디는 언제나 얼굴에 미소를 짓고 있었다고 한다. 역경에 처했을 때도 명랑함을 잃지 않는 긍정적인 태도, 간디의 그러한 모습은 나에게도 큰 울림을 준다.

'무너지지 않는 강인한 마음으로, 언제나 올곧고 정의로운 삶.'

'언제나 명랑하고 생기발랄하게 살아가며, 이웃에게도 행복과 희망을 전해주는 삶.'

눈을 감는 그 순간까지, 진검승부의 마음으로 신념을 끝까지 관철하길 깊게 서원하고 맹세하며.

04

가장 괴로워한 사람이
가장 행복해질 수 있다

오은영 박사가 한 TV 프로그램에서 패널들에게 질문했다. "고등학교 2학년 2학기 기말고사의 수학 점수를 적어보세요."

패널들은 모두가 당황했다. 그러자 오은영 박사가 다시 질문을 던졌다.

"중고등학교 생활 중 중요한 시험을 앞두고 졸음과 싸우며 열심히 공부하려고 노력해본 경험이 단 한 번이라도 있는 사람은 손들어 주세요."

그러자 패널들은 일제히 손을 들었고, 박사는 웃으며 이야기했다.

"그렇습니다. 우리는 바로 '그 열심히 노력했던 경험'을 기억하며 살아가는 것이지, '점수'를 기억하며 살아가는 것이 아니에요."

삶의 태도를 만들어내는 것은 특정했던 순간의 목표가 아니다. 우리가 결국 기억하는 것은 그때 얼마만큼 노력했는지 그 절실했던 경험이다.

대학교 때 무더운 여름날, 버스비를 아끼기 위해 언덕을 넘어 몇 코스를 걸어갔던 추억들이 아직도 가슴속에서 아른거린다. 우렁찬 매미 소리, 그리고 길 풍경들.

씩씩하게 언덕길을 걸어가면서 언덕 너머의 강줄기를 바라보며 이따금 감상에 잠기곤 했다. 때로는 홀로 걸어가는 그 길이 외로웠다. 하지만 외로움을 피하고 싶지는 않았다. 그때가 나의 가장 깊은 내면을 바라볼 수는 있는 순간이기 때문이다. 나를 정면으로 응시하면서, 내가 인생에서 가장 궁극적으로 원하는 것과 어떤 인생을 걸어가야 할지 하나하나 그려나갔다. 온몸이 땀으로 적셔졌지만, 마음만은 상쾌했다. 지금의 발걸음이 언젠가 나를 강하게 만들어줄 거라 믿으면서.

인생의 행복과 불행은 자기 자신이 만든다. 자기의 모습과 환경은 우연이 아니라 자신이 행동한 결과로 만들어진다. 에디슨(Edison)은 '천재란 1% 영감과 99% 노력의 결과'라고 말하기도 했다. 이는 결국 모든 미래는 자기 자신이 원인을 만든다는 원리를 나타낸 것이라고도 할 수 있다.

나는 지금 순간의 마음과 행동이 미래를 결정한다는 것을, 어느 순간 깊이 이해하게 되었다. 순간순간을 감사하게 생각하면서도 미래에 행복할 원인이 되는 도전을 이어가는 것이 매우 중요하다는 것을 알았다.

참으로 나의 20대는 나의 한계를 극복하기 위해 애쓴 시간이었다. 하지만 졸업을 앞두고 사회로 첫발을 내딛는 것이, 쉽진 않았다. 다른 회사 최종 면접에서 몇 차례 고배를 마시기도 했다. 최종 면접에서 떨어지는 것은, 정말로 뼈아팠다. 서류지원부터 인적성 검사, 실무진 면접, 그리고 최종 임원 면접까지, 그 모든 과정을 처음부터 시작해야 하기 때문이다.

나는 그 좌절감과 씁쓸함을 맛보면서 계속해서 나아갔다. 이미 이러한 자신과의 싸움은 익숙하기에 바로 다시 도전을 이어갈 수는 있었지만, 마음이 아픈 것은 어쩔 수 없다.

나는 기원했다. 최종 면접에 합격할 수 있는 곳에만 서류가 통과될 수 있도록. 우주에 멀리멀리 나의 마음이 닿길, 바랐다.

그러다 지금 다니는 회사에 서류가 통과된 것이다. 내가 지금까지 원했던 모든 조건을 갖추고 있던 회사였다. 나는 배수의 진을 쳤다. 인생의 모험을 걸어야겠다고 생각했고, 다른 회사에는 일절 지원서를 내지 않았다.

입사를 전제로 나는 60세까지의 인생 계획을 세워봤다. 그리고 마흔을 넘긴 어떤 시점에는, 내가 회사를 대표하는 면접관이 되는 것도 표기해두었다. 지원자들에게 질문하는 생생한 나의 모습을 상상하며, 우주에 나의 간절한 마음을 실어 보냈다.

"지원자는 ○○회사 인턴 경력이 있으시네요. 거기서 무슨 업무를 했고 어떤 것을 배웠는지 구체적으로 설명해주실 수 있을까요?"

시간이 흘러, 나는 면접관이 되어 우리 회사에 지원한 지원자들에게 질문하고 있다. 지원자들은 간절한 마음으로 나의 얼굴을 쳐다보며, 자신의 모든 것을 토해내기 위해 애쓴다.

나는 한 명 뽑았던 그 당시 치열했던 경쟁률 속에서 최종 합격을 거머쥐었다. 그리고 나의 인생 계획표에 면접관으로 활약하고 있는 그 시점에 정확히 그 모습을 하고 있었다. 간절히 우주로 날려 보낸 상상 속의 장면들이 모두 현실로 펼쳐지고 있던 것이다.

회사생활을 하면서, 힘든 순간도 많았다. 가끔 친한 몇몇 후배들이 나에게 말하기도 했다. "선배는 어떻게 그런 환경에서 버틸 수 있었어요? 저라면 진작 그만뒀을 텐데…."

그럴 때마다 나는 웃어 넘겼다. 마음속으로는 이렇게 외치면서.

'나는 정말 힘들게 회사에 들어왔거든. 그때 그 외롭고 간절했던 마음들이 지금 나를 버티게 하고 지지해주는 큰 원동력이야.'

지금까지의 인생을 되돌아보면 숱한 괴로움과 어려움도 많았다. 어린 시절에는 가난이 어떻게 삶을 비참하게 할 수 있는지 부모님을 보며 실감하기도 했다. 웃음소리가 넘치며 화목하게 지내는 다른 가정의 친구들이 부럽기도 했다.

하지만 한탄한다고 해서 바뀌는 것은 없다. 나는 관점을 변화시키기로 했다. 오히려 이러한 고난과 시련 속에서도 가장 인성 풍부하고 정의로운 사람으로 성장하자고 마음먹었다. 그렇게 훌륭하게 성장한다면 얼마나 많은 사람에게 희망을 줄 수 있을까 생각하니, 환경에 절대 져서는 안 되겠다는 각오가 섰다.

어느덧 마흔 줄을 넘어 직장 내에서 어느 정도 위치에 올랐고, 많은 후배에게도 격려를 이어가고 있다. 회사 내에서 직원들이 투표로 선정한 최고의 리더로 뽑히기도 했다.

나는 지금, 이 순간의 감사함을 절실히 느끼고 있다. 이러한 결실을 보기 전까지, 청년 시절 누구보다도 외로웠고 쓸쓸했던 도전을 이어갔기 때문이다.

심리학자들에 따르면 가장 괴로워한 사람이 가장 행복해질 수 있는 이유 중 하나는, 그들이 행복의 진정한 의미를 발견하기 때문이라 한다. 고난을 겪은 사람들은 삶의 소중함을 더 깊이 느끼며, 작은 행복에도 감사할 줄 아는 법을 배운다. 이러한 감사의 마음은 일상의 작은 기쁨을 더 크게 느끼게 하고, 더 큰 만족감을 가져다준다. 그리고 고통을 경험한 사람들은 다른 사람들의 고통에 더 민감하게 반응하며, 공감을 더 잘한다고 한다. 이는 인간관계를 더욱 깊고 의미있게 만들어준다. 따라서 인생의 고난은 단순히 피해야 할 것이 아니라, 우리가 더 나은 사람이 되고 더 행복한 삶을 살아갈 수 있도록 도와주는 중요한 과정이다.

삶의 고난과 어려움은 우리의 인생에서 필연적으로 발생한다. 사람들은 어려움에 빠졌을 때 흔히 지금 순간만 벗어나면 모든 문제가 해결될 수도 있다고 생각한다. 현실을 회피하며, 새로운 장소나 상황에서 답을 찾으려고도 한다. 그러나 이러한 접근은 문제를 진정으로 해결하는 데 아무런 도움이 되지 않는다. 새로운 장소로 가더라도 여전히 그 어려운 문제들은 따라다닐 가능성이 높다. 중요한 것은 그것을 어떻게 받아들이고 극복하느냐에 달려 있다.

문제를 해결하기 위해서는 자기 이해와 성찰이 필요하다. 자기 성찰을 통해 우리는 자신의 한계를 깨닫고, 새로운 시각으로 삶을 바라보며, 더 깊은 자아 인식을 얻을 수 있다. 고난을 외면하지 않고, 그것을 직면하고 해결할 수 있는 용기도 얻게 된다. 이러한 과정에서 우리는 더 강해지고, 더 지혜로워지며, 결국 더 행복해질 수 있는 능력을 키우게 된다.

여행의 본질은 최종 목적지에 깃발을 꽂는 것이 아닌 즐거운 여정과 경험을 쌓는 것이다. 삶의 본질도 어찌 보면 여행의 본질과 닮은 것이 아닐까?

지금의 모든 경험도, 전체를 위해서는 매우 중요한 과정이 된다. 인생의 목적이 경험과 지혜가 늘어나는 것, 배움과 성장이 목적이라면 모든 것이 자신에게 필요한 과정일 뿐이다. 고난과 괴로움, 절망마저도 자신의 성장을 위한 영양분이 된다.

지금 혹시 좌절과 절망의 늪에 빠져 있다면, 이 시간이야말로 앞으로 더 큰 도약을 위한 순간이라는 사실을 잊지 않았으면 한다. 지금의 어려움이 오히려 더 강한 나로 거듭나는 발판이 될 수 있음을 믿어야 한다. 나무의 뿌리가 폭풍우와 추위에 더욱 강해지듯, 그 시련을 버텨낼 때 비로소 단단한 기반을 다지게 된다.

우주의 리듬과
합치하는 삶

우주는 138억 년 전 빅뱅으로 시작되었고, 현대의 관측장비를 통해 얻은 데이터에 따르면 약 2조 개의 은하가 있는 것으로, 추정하고 있다. 1개의 은하에는 약 1,000억 개에서 4,000억 개의 별들이 있고, 태양은 그중 하나의 별이다. 지구는 태양의 작은 행성에 불과하다.

1980년대 후반, 보이저 1호는 태양계를 탐사한 후, 지구에서 약 60억㎞ 떨어진 지점에서 뒤를 돌아 태양계의 여러 행성을 촬영했다. 이 중 하나의 사진에는 지구가 매우 희미한 작은 점으로 찍혔다. 《코스모스》의 저자로 유명한 천문학자 칼 세이건(Carl Edward Sagan)은, 이 사진을 보고 지구를 '창백한 푸른 점'이라 표현하기도 했다. 실로 그 속에서의 살아가는 인간은 어쩌면 우주의 티끌보다 작은 존재에 불과하다.

우주의 광대함과 무한한 시간을 생각할 때마다 나는 한없이 겸손해지고 경외감을 느낀다. 우주의 관점으로 세상을 바라보면, 내가 가진 사소한 고민은 아무것도 아니게 되었다.

이 거대한 우주는 한순간도 멈추지 않고 끊임없이 움직이며 그 자체로 거대한 리듬을 만들어낸다. 이러한 우주의 리듬은 자연의 모든 존재와 밀접한 관계를 맺고 있으며, 우리 인간 역시 예외는 아니다.

태양과 달의 주기적인 움직임, 계절의 변화, 생물의 생체 리듬 등은 서로 유기적으로 연결되어 있으며, 우리는 대우주의 리듬 속에서 살아간다.

우주는 아직도 밝혀지지 않은 부분이 많다. 우주에서 우리가 관측할 수 있는 물질은 5%이고, 나머지 95%는 그 정체가 무엇인지도 아직 모르는 암흑물질과 암흑에너지로 구성되어 있다. 빛을 내지도 통과시키지도 않아 암흑과 같이 어두우나 뭔가 놀라운 움직임이 포착되고 있어 이것을 풀기 위해 과학자들이 많은 연구를 하고 있지만, 아직도 실체조차 파악하지 못하고 있다. 실로 우리는 우주의 95%에 대한 부분은 완전한 미지의 영역으로 남겨두고 있는 셈이다.

역사상 중요한 발명가 중 한 명으로 평가받고 있는 니콜라 테슬라(Nikola Tesla)는 다음과 같이 말했다.

"과학이 비물리적 현상을 연구하기 시작하는 날, 과학은 지난 수 세기 동안의 모든 발전보다 10년 안에 더 많은 발전을 이루게 될 것이다."

나는 우주과학, 그리고 관련 철학적 서적들을 읽으면서 사색에 잠기곤 한다. 우리는 어디에서 와서 어디로 가는 걸까? 나는 지금 왜 여기에 있는 건가? 존재의 근원에 대해서 근본적인 물음을 던진다.

그러면서 우주는 마치 우리의 마음과도 너무나 닮았다는 생각이 든다. 암흑물질은 우리의 의식이 접근할 수 없는 정신의 영역, 우리에게 자각되지 않은 채 활동하고 있는 정신세계, 바로 잠재의식, 무의식과도 유사하다. 나는 '암흑물질과 암흑에너지는 결국 물질과 에너지가 아닌, 바로 거대한 정보의 장이 아닐까?' 하는 생각에 이르렀다.

인지학 및 신지학에서는 우주의 역사 총체가 기록되어 있는 아카식 레코드를 설명하기도 했다. 우주와 인류의 모든 기록을 담은 초차원의 정보 집합체로, 우주의 기억이자 우주에 존재하는 모든 것들의 움직임을 기록하는 공간이라고 한다. 아카식 레코드에는 지금까지 존재했거나 일어난 모든 것, 모든 실체의 과거, 현재, 미래에 일어났던 모든 보편적인 사건, 생각, 말, 감정, 의도에 대한 기록이 담겨 있다고 한다. 모든 것이 연결된 무의식의 바다로, 우주의 슈퍼컴퓨터로 볼 수도 있다. 무한한 이 정보에 접근하려면 의식을 올바른 주파수로 조정하면 된다고 한다.

저명한 미래학자이자 노벨상 후보로 지명되기도 했던, 에르빈 라슬로(Ervin Laszlo) 박사는 수년간 전자기장과 중력장의 성질을 연구한 끝에 아카식 장의 증거를 발견했다고 발표하기도 했다.

어쩌면 아카식 레코드는 우리 주변 곳곳에 있을지도 모른다. 단지 우리의 뇌가 아직 그것을 볼 수 있도록 진화하지 않았을 뿐일 수도 있다.

만약 실제로 과거, 현재, 미래의 기억이 고스란히 저장되어 모든 존재와 연결된 우주의 도서관이 있다면, 나를 조금 더 객관적인 자세로 바라보며 삶을 어떻게 살아야 할지 다시 생각해볼 수 있지 않을까? 나만 생각하는 것이 아닌, 타인의 처지에서도 생각할 수 있는 공감력을 기를 수 있지 않을까?

아직 인류의 과학으로는 증명할 수 없지만, 언젠가 인류에 의해 우주적 실체가 밝혀지리라 나는 굳게 믿는다.

나는 한 인간으로서 우주적 통찰에 이른 붓다의 이야기에 매료되기도 했다. 그는 우주를 하나의 거대한 생명으로 파악했고, 우리 인간은 대우주의 축소판으로 소우주로 봤다. 모든 존재가 상호의존적이며 서로 연결되어 있으며, 우리는 소우주로서 각자의 내면에 있는 불성을 통해 우주와 연결되고 있음을 강조했다.

우주는 엄연한 법칙과 질서에 의해 운행되고 있다. 행성들은 태양의 궤도를 도는데 조금이라도 각도가 어긋나면 궤도를 벗어날 수도 있다. 태양도 은하의 중심을 향해 빠른 속도로 공전하고 있다. 그만큼 정교한 법칙과 질서로 우주는 운행이 되고, 소우주인 우리도 이러한 법칙과 질서에서 예외는 아니다. 우주의 '창조와 파괴'의 작용, '생명과 죽음'의 리듬도 예외 없이 우리 모두에게 적용된다.

소우주인 우리가 대우주의 리듬에 조화롭게 합치되면서, 대우주의 강인한 힘과 생명력을, 우리 내면에서 어떻게 열어갈 수 있는가?

이것이 우리의 인생을 결정짓는 핵심이라고 한 저명한 철학자는 이 야기하기도 했다.

　나와 아내는 우리는 소우주로서 내면에 대우주와 같은 강인한 생 명력이 있다는 것을 매일 느껴간다. 우리는 매일 듣고 말하고 의식 을 깨우는 것에, 서로 집중하고 있다. 미래에 우리의 꿈이 이루어진 모습을 상상하며, 이미 꿈이 이루어진 것처럼 감정을 느끼고 현재를 감사하게 살아간다. 그리고 서로 응원하고 격려해간다.

　우리의 말과 생각에도 에너지가 있다고 한다. 특히 소망을 소리 내서 말하고 상상한다면 강력한 에너지가 생겨나는데, 이 에너지는 우주를 움직이는 동력이 된다. 우리의 생명이 맑고 강하다면 이 에 너지는 증폭이 되어 우리가 원하는 것을 강하게 끌어당긴다. 온 우 주가 우리를 중심으로 움직이게 된다.

　사실 겉으론 단단한 것처럼 보이는 물질 안에도 수많은 입자가 있 으며, 이 입자들은 다시 그보다 작은 무수한 입자들로 이루어져 있 다. 이런 식으로 계속 관찰하다 보면, 마지막에 남는 것은 오로지 순 수한 에너지뿐이다. 에너지는 성질이 비슷한 에너지를 끌어당긴다.

　사고와 감정에도 자력이 있어서 자신과 비슷한 성질을 띤 에너지 를 끌어당긴다. 마음속에 늘 품고 있던 누군가를 '우연히' 만나거나, 자신에게 필요한 정보들이 꼼꼼하게 정리된 책을 '어쩌다' 발견하는 행운도 사실은 이런 원리가 빚어낸 결과라고도 할 수 있다.

상상하기도 어려울 만큼 작은, 미시 세계 입자의 움직임은 우리의 상식을 뛰어넘는다. 빛의 '이중 슬릿' 실험에서는 관측자가 관찰하지 않으면 빛이 파동처럼 행동했고, 관찰하면 빛이 슬릿을 통과해 입자처럼 행동했다.

사람의 관찰 행위 여부에 따라 양자 상태에 영향을 미치면서 관찰 값 자체가 달라진다는 것은, 우리의 생각이 우리의 현실을 바꿀 수 있다는 끌어당김의 법칙과 흡사하다.

양자 물리학자들은 '양자 세계에서 사건은 단계적으로 일어나지 않는다. 그것은 즉각적으로 일어난다. 그래서 의도하는 것은, 그것을 의도하는 순간 존재한다'라고 말한다.

우주가 나의 상상에 즉각 반응한다는 것, 내가 뭔가를 관찰하면 반드시 그것에 영향을 준다는 것은 생각만 해도 경이로운 일이다. 우리의 꿈과 믿음이 우주 속으로 퍼져나가 나의 운명을 결정짓는다면, 어떤 운명을 창조할지는 온전히 나의 의식과 강인한 생명력에 달려 있다고도 할 수 있다.

그러니 우리는 자신이 바라는 것을 의도해야 한다. 의도하는 순간부터 대우주는 우리의 상상과 꿈을 이루어주기 위해 우주의 리듬을 만들 터이니….

06

당신은 결국
해낼 것이다

"오빠는 세상에서 제일 멋진 남자야. 오빠 같은 사람은 없어. 오빠
는 세상을 바꿀 수 있는 큰 힘이 있어. 난 오빠의 미래를 봤어."

"내가 좀 멋지긴 하지. 후후…. 잘 다녀올게."

매일 아침, 우리집 출근 풍경이다. 결혼 십여 년이 넘었지만, 아내
는 하루도 빠짐없이 나에게 응원과 격려를 보낸다. 때론 아내가 나
에게 서운할 때가 있을지라도, 다음 날 출근길은 언제 그런 일이 있
었냐는 듯 항상 새로운 마음으로 인사를 건넨다.

집 대문을 나서면 난 이미 세상에 모든 것을 가진 남자가 된다. 내
면은 자신감과 용기로 꽉 차 있다. 세상이 나의 도전을 기다리고 있
고, 나는 기분 좋게 발걸음을 옮긴다.

30대, 40대부터 자신의 진가를 발휘하는 사람들이 있다. 10대,

20대에 많은 경험을 쌓고 좋은 습관을 구축하며 튼튼한 뿌리를 내렸기 때문이다. 나이가 들면서 꽃을 피우고, 성숙한 사람이 되는 것이다.

나의 청춘 시절은 쉽지 않았다. 나의 한계를 깨기 위해 참 애쓰기도 했다. 나와 아내는 각자의 우주에서 미래의 씨앗을 열심히 뿌리며 살았다. 그리고 운명처럼 서로를 알아보며 만났다. 서로 청춘에 뿌린 씨앗들이 마흔이 넘어 꽃이 피고 있음을 실감하고 있다.

씨앗을 심을 때 우리는 그것이 자라나 열매를 맺을 것을 기대한다. 그러나 그 과정이 쉽지만은 않다. 자연에서 씨앗이 싹트고 성장하기 위해서는 적절한 조건이 필요하다.

시간은 우리의 노력이 결실을 거둘 수 있도록 하는 중요한 요소다. 어떤 일들은 시간이 지나야만 해결되거나 그 의미를 찾을 수 있다. 나무가 자라나 열매를 맺기까지는 시간이 필요하다. 그 시간 동안 우리는 인내하며 기다려야 한다.

자연은 우리에게 시간의 중요성을 가르쳐준다. 씨앗이 땅에 떨어져 발아하고 성장하는 과정은 자연의 이치에 따른다. 자연의 이치는 시간의 흐름에 따라 모든 것이 제자리를 찾고, 우리가 심은 씨앗은 결국 열매를 맺는다는 것을 보여준다. 따라서 우리는 자연의 이치를 믿고 때를 기다리는 것이 중요하다.

씨앗을 뿌리고 기다리는 과정에서 가장 중요한 것은 자신에 대한 믿음이다. 자신이 심은 씨앗이 언젠가는 결실을 거둘 것이라는, 믿음이 있어야 한다. 자신에 대한 믿음이 있다면 우리는 어려운 상황에서도 포기하지 않고, 어떤 도전도 이겨낼 수 있으며, 그 과정에서 우리는 더욱 강해지고 성장할 수 있다. 믿음을 가지고 기다릴 때, 우리는 원하는 것을 얻을 수 있다.

씨앗이 자라서 열매를 맺기까지 시간이 걸리듯, 우리의 삶에서도 모든 일이 적절한 시기에 이루어진다.

모두 각자의 때는 반드시 온다. 이는 단순한 희망이 아니라, 우리가 심은 씨앗이 언젠가는 결실을 거둔다는 자연의 이치다. 끝까지 인내하고 끈기 있게 노력한다면, 그 결실은 반드시 찾아온다.

되돌아보면 청춘 시절, 나는 참 많은 외로운 시간을 보내기도 했다. 나의 한계를 깨기 위해 도전하면서, 계속해서 밀려오는 외로움은 괴롭기까지 했다. 하지만 내가 꿈꾸는 세상을 펼쳐가기 위해서 그 청춘의 시간만큼은 반드시 인내해야 할 것 같았다. 꼭 그래야만 할 것 같았다.

지금, 마흔이 넘은 나는 시공을 넘어 외로움의 시간을 견디고 있는 그때로 돌아간다. 그리고 청춘의 나 자신에게 속삭인다.

"너무 잘 견디고 있어. 참 대견해. 그리고 고마워."

외롭다는 것은 나를 단단하게 만드는 시간을 보내고 있다는 뜻이다. 특히 외로움은 운을 부르는 강력한 힘을 갖고 있다. 내가 만나본 성공하는 사람들은 모두 외로움을 즐기는 사람들이다. 그들은 외로움과 새로움은 서로 연결되어 있다는 것을 알고 있다.

프랑스 철학자이자 작가 카뮈(Albert Camus)는 이렇게 말한다.
"이 어마어마한 우주를 느끼는 방법은 '외로움' 밖에 없다."

외로움을 느끼는 것은, 무한한 우주를 느끼는 것과 같다. 광활한 우주, 그 어마어마한 공간 그 자체가 바로 외로움이기 때문이다.

마찬가지로 내 안의 가능성을 느끼려면 외로움을 느낄 수밖에 없다. 내가 뭔가 새로운 것을 해내려고 하면 내 안의 이 가능성의 우주, 반드시 외로움으로 들어가야 한다. 그래야 내면의 우주를 만날 수 있다.

하지만 '외로움'과 '새로움' 사이에는 '괴로움'이 있다. 그래서 외롭다는 것은 괴로울 수밖에 없다. 그 괴로움을 이기지 못하고 많은 사람은 자신의 우주를 제대로 만나지도 못한다.

그 괴로움을 이겨낼 때, 우리는 '새로움'으로 나아갈 수 있다. 새로운 인간관계, 새로운 성공을 만나게 된다.

어찌 보면 해가 뜨기 직전 상태가 외로움의 상태와 같다. 완전히 어둡고 적막하다. 그러다 해가 뜨기 시작하면 빛이 세상에 조용히 스며들다가 점차 밝아진다. 이 상태가 외로움에서 새로움으로 나아가는 시간과 똑같다.

그러니 새롭게 자신을 탈바꿈하기 위해선 외로워져야 한다. 기존에 나를 정의하던 것, 기존에 나를 채우던 것을 비워내야 한다. 괴로움을 견뎌야 한다. 그러고 나면 새로운 것을 만날 준비는 다 끝났다. 해가 뜨면 온 세상이 밝아지듯이 우주는 우리에게 새로운 것을 채워주기 시작한다.

살아가면서 우리는 평범한 듯 보이지만 어딘가 귀티가 나는 사람을 만날 때가 있다. '뭔가 저 사람은 달라 보여, 똑같이 행동하는데 왠지 품격이 있네'라고 느껴지기도 한다. 강한 아우라가 그 사람을 감싸고 있는 것 같다.

그 귀티, 아우라의 비밀은 무엇일까? 바로 당당함이다. 어디를 가든 당당하고 자기 긍정적이다. 그들은 생동감이 넘치는 표정을 가지고 있고 자기 자신을 표현하는 데에도 망설임이 없다. 하고 싶은 일이 있고 다양한 꿈들을 가지고 있다. 삶을 무기력하게 살지 않고 일상에서 작은 도전과 모험을 만든다. 자기 세계가 확실하고 그 세계가 매우 매력적이다. 타인에게 휘둘리지 않는 자신만의 세계와 취향이 있다.

이런 사람들은 매력이 넘친다. 그리고 여유가 느껴진다. 시종일관 표정이 밝으며 실제로 마음에도 여유가 넘친다. 보통 그런 사람들이 인생이 잘 풀린다. 성격이 사교적이고 활발해야 한다는 뜻이 아니다. 내성적이고 말이 없는 사람이라 하더라도 아우라가 느껴지는 사람은 항상 당당함을 보인다.

고대 그리스 철학자 아리스토텔레스(Aristoteles)는 이렇게 말했다.

"탁월함은 훈련과 습관이 만들어낸 작품이다. 탁월한 사람이라서 올바르게 행동하는 것이 아니라, 올바르게 행동하기 때문에 탁월한 사람이 되는 것이다. 자기의 모습은 습관이 만든다."

사람의 진짜 매력은 외모나 지능 같은 것으로 만들어지는 것이 아니라, 살아가면서 형성한 생활 습관과 태도에서 만들어진다.

자신의 인생에 대해 항상 각오하며 싸우는 습관을 지닌 사람은, 어느 순간 자신만의 아우라가 빛난다. 인생의 모든 문제에 대한 당당함이 내면으로부터 빛을 발하는 것이다.

세상에 정답은 없다. 내가 맡은 소명을 완수할 때, 삶의 풍요와 충만함이 눈처럼 쏟아진다.

세상에 부족한 사람도 없다. 저마다 다른 개성을 지녔을 뿐이다. 그 개성은 때에 따라, 주변에 어떤 사람이 있냐에 따라 강점이 되기도 약점이 되기도 한다. 상황이 차이를 만드는 것이지, 그 차이가 곧 가치는 아니다. 내 가치는 내가 나를 사랑할 때 생겨난다. 내가 나를 잘 대접할 줄 알아야 내 가치도 높아진다.

우리는 우리가 생각하는 것보다 훨씬 더 강한 사람이다. 우리의 내면에는 우리가 생각했던 것보다 더 거대한 잠재력이라는 거인이 잠들어 있다. 성공하는 인생을 살고자 한다면 먼저 그 거인을 깨워야 한다.

어느 날, 아내가 나에게 랄프 왈도 에머슨(Ralph Waldo Emerson)의 시를 보여주었다.

"한때 내가 살았으므로 인해 단 한 명의 삶이라도 더 행복해지는 것. 그것이 바로 성공."

이런 소중한 인생을 사회가 마련해 둔 잣대로 자신을 옭아매며 살아서는 안 되겠다는 생각이 들었다. 인생의 목적이 뚜렷해진 지금은 알 수 있다. 가슴이 시키는 대로 사는 것이 정답이라는 것을 말이다.

나는 누군가의 이정표가 되는 삶이야말로 세상에 선한 영향력을 펼치는 것이라 믿는다. 나와 아내는 지금처럼 꿈 부부로 잘 살아서, 사람들에게 희망과 용기를 주고 싶다는 생각이 그 어느 때보다 간절해진다. 앞으로도 우리는 현실에 안주하지 않고 더 큰 꿈을 꾸며 계속해서 나아갈 것이다. 언젠가 나는 아프리카에 학교를 짓는 꿈도 꼭 실현해갈 것이다.

천문학자 칼 세이건은 다음과 같은 말을 남겼다.

'광대한 우주, 무한한 시간. 이 속에서 같은 행성, 같은 시대를 그대와 함께 살아간 것을 기뻐하며.'

어찌 보면 이 광대한 우주와 무한한 시간 속에서, 나와 관계를 맺고 있는 인연들이 얼마나 특별하고 소중한지 다시금 깨닫게 된다. 비록 이 우주의 시간에 비하면 찰나의 순간에도 못 미치는 인간의 수명이라 해도 서로 사랑하고, 존중하며, 배려하는 데 나의 온 시간을 사용한다면, 눈을 감는 그 순간에도 충만감과 기쁜 마음이 넘치리라.

나는 우리 각자는 대우주의 생명 속에 깊은 인연으로 이어져 있다고 믿고 있다. 어쩌면 스쳐 지나는 많은 사람이 과거 생에는 깊은 인연이었을지도 모른다는 생각이 부쩍 드는 요즘이다. 오래된 그리움의 마음을 담아, 나와 인연을 맺은 모든 이들의 꿈과 행복을 진심으로 응원하는 바이다.

나는 '단연코 쓰러지지 않으리라'라는 각오를 굳게 다지며, 오늘도 힘찬 발걸음을 내딛는다. 나의 사명을 깊이 상기하면서.

만일 내가 다시
스무 살로
돌아간다면

제1판 1쇄 2024년 10월 15일

지은이 황문섭
펴낸이 한성주
펴낸곳 ㈜두드림미디어
책임편집 이향선
디자인 김진나(nah1052@naver.com)

㈜두드림미디어
등 록 2015년 3월 25일(제2022-000009호)
주 소 서울시 강서구 공항대로 219, 620호, 621호
전 화 02)333-3577
팩 스 02)6455-3477
이메일 dodreamedia@naver.com(원고 투고 및 출판 관련 문의)
카 페 https://cafe.naver.com/dodreamedia

ISBN 979-11-94223-18-4 (03190)